Sabine Schlimm

Lauschige Orte
IN HAMBURG

Der romantische Stadtführer

via reise verlag

Lauschige Orte in Ottensen Seite ► 106

Vorwort

Hamburgs romantische Seiten entdecken

Hamburg hat Glück: Grün und Wasser gibt es fast überall in der Stadt – gute Voraussetzungen dafür, romantische Plätzchen zu entdecken. Andererseits gelten die Hamburger nicht unbedingt als große Romantiker. Eher schon als nüchterne Menschen, die mit beiden Beinen auf dem Boden der Stadt stehen, statt auf rosa Wolken davonzusegeln. Was vor allem eines beweist: Zur Romantik gehört mehr als nur eine schöne Umgebung. Nämlich eine innere Haltung.

Die Romantik lässt sich suchen. Sie zu finden ist trotzdem Glückssache. Wir stellen in diesem Büchlein stille Winkel und lauschige Eckchen vor, an denen wir sie gefunden haben. Nicht immer spielte dabei die Zauberformel „Grün und Wasser“ eine Rolle (aber oft). Manchmal war es auch ein besonders schöner Ausblick, eine rührende Geschichte, die mit einem Ort verknüpft ist, oder inmitten eines quirligen Stadtteils ein ruhiges Plätzchen zum Durchatmen. Entdeckt man einen solchen hübschen Winkel im richtigen Moment, kann es sein, dass die Romantik einem unvermittelt von hinten auf die Schulter tippt und sagt: „Hier bin ich!“

Zum romantischen Entdecken möchte dieses Buch also einladen. Wir wünschen Ihnen, dass Sie fündig werden und die besonderen Augenblicke einfangen, die Hamburg zu bieten hat. Es gibt sie reichlich.

Autorin
Sabine Schlimm lebt und arbeitet als Autorin, Lektorin und Übersetzerin in Hamburg. Sie entdeckt an ihrer Wahlheimat täglich neue Seiten.

Dank
Die Autorin bedankt sich ganz herzlich bei all den vielen Menschen, die mit Tipps und Unterstützung zu diesem Buch beigetragen haben.

Der größte Dank gilt Matthias: weil er bei den gemeinsamen Ausflügen und Spaziergängen die Romantik ins Spiel gebracht hat.

Tipp
Für die Ausflüge einen Stadtplan einstecken!

Inhalt

1

Altstadt

- Seele baumeln lassen
- Schöne Aussicht
- Parks/Natur
- Am Wasser
- Historische Gebäude
- Stadtteil
- Szene
- Sport/Wellness
- Mit Kindern

Anfahrt
S/U-Bahnhof Jungfernstieg/
Rathausmarkt

Saliba Alsterarkaden
Neuer Wall 13
22765 Hamburg
Tel. (040) 34 50 21
Mo–So 11–23 Uhr
www.saliba.de

Kunstvolle Deckengemälde in der Mellin-Passsage

Alsterarkaden

Ein kleines Stück Venedig

In die Hamburger Innenstadt kommt man entweder, um stilvoll Geld auszugeben, oder um die Sehenswürdigkeiten zwischen Rathaus und Binnenalster anzusehen. Beides führt irgendwann dazu, dass man sich erschöpft und mit schmerzenden Füßen nach einer Pause sehnt. Das ist der richtige Zeitpunkt, um sich unter den strahlend weiß verputzten **Alsterarkaden** niederzulassen, den Schwänen auf der Kleinen Alster zuzusehen und sich dem Dolce far niente hinzugeben. Der Wunsch nach einer Prise südlicher Lebensart im hanseatisch-nüchternen Hamburg muss schon den Erbauern vorgeschwebt haben. Nachdem der große Brand von 1842 in der Hamburger Innenstadt eine stadtplanerische Tabula rasa geschaffen hatte, entwarf Alexis de Chateauneuf einen Arkadengang, dessen Vorbilder in Venedig, Rom und Florenz liegen.

Heute kann man sich unter den Alsterarkaden an einem der Tischchen des **Restaurants Saliba** niederlassen und in südländischer Kulisse seinen orientalischen Mokka mit Kardamom genießen. Und sich vielleicht dazu verführen lassen, die Vielfalt kleiner, feiner arabischer Vorspeisen zu probieren, mit denen sich der syrische Gastronom Elias Hanna Saliba eine große Fangemeinde erkocht hat. Bei Möhrchen mit Orangenblütenwasser und Auberginendips bewundert man das gegenüberliegende **Hamburger Rathaus** in seiner gesamten Neorenaissancepracht, ohne den Kopf in den Nacken legen zu müssen. Auch dieser Bau entstand erst nach dem großen Brand, wurde aber deutlich später fertiggestellt als die Alsterarkaden, nämlich erst 1897. Der Grund: Man konnte sich nicht über Entwurf und Ausführung dieses Prestigeobjekts einigen.

Sie sind gestärkt und ausgeruht? Dann liegen Ihnen die schönsten Hamburger Einkaufspassagen zu Füßen. Die älteste und gleichzeitig kürzeste von ihnen führt mitten durch die Alsterarkaden hindurch: die **Mellin-Passage.** Nach einem Brand

1989 wurde sie aufwendig restauriert, sodass man nun auch wieder die Jugendstilmalereien an der Decke bewundern kann. Der Name Mellin-Passage stammt übrigens von einem Krämerladen, der hier einst ansässig war.

Schwanentreff vor den Alsterarkaden

Am Ende der winzigen Passage liegt ein Ort, um den Hektik und schnelllebige Moden einen Bogen zu machen scheinen: die **Buch- und Kunsthandlung Felix Jud.** Gegründet wurde sie 1923. Schon in der Einladung zur Eröffnung hieß es damals: „Die Hamburger Bücherstube Felix Jud & Co. soll eine Pflegestätte sein für das gute und schöne Buch." Bis heute ist die Buchhandlung diesem Anspruch treu geblieben. Sie verweigert sich dem Druck, schnellen Umsatz mit populärer Massenware zu machen. Bücher werden hier als Kulturgut behandelt, die Kirschholzregale sind mit handgeschriebenen, kalligrafisch geschwungenen Kärtchen („Romane A bis C") beschriftet, und hinter Glas kann man kostbare Erstausgaben bewundern. Diese Stimmung steckt an. Nach einer Weile fragt man sich unwillkürlich: Warum nicht mal wieder Goethe? Hier, wo Zeitnot und Hektik ganz weit weg sind, bekommt man Lust zu lesen.

Buchhandlung Felix Jud
Neuer Wall 13
22765 Hamburg
Tel. (040) 34 34 85
Mo–Fr 10–18.30 Uhr
Sa 10–16 Uhr
www.felix-jud.de

▶ Seele baumeln lassen
▶ Schöne Aussicht
▶ Parks/Natur
▶ Am Wasser
▶ Historische Gebäude
▶ Stadtteil
▶ Szene
▶ Sport/Wellness
▶ Mit Kindern

Anfahrt
S/U Hauptbahnhof

Antik-Center Hamburg
Klosterwall 9–21
20095 Hamburg
Di–Fr 12–18 Uhr
Sa 10–16 Uhr

„Schräger" Treffpunkt mit langer Tradition: die Oberhafenkantine

Antik-Center, Oberhafenkantine

Von Schönem und Schrägem

Kunst oben, Kitsch unten. Oder doch umgekehrt? Südlich des Hauptbahnhofs kann man in der alten Markthalle beides entdecken. Die nähere Umgebung hat außerdem einen im wahrsten Sinne des Wortes schrägen Ort zu bieten, an dem man sich kulinarischer Beschaulichkeit hingeben kann. Aber der Reihe nach.

Direkt zwischen Gleisanlagen und Klosterwall liegt die ziegelrote **Markthalle,** die 1913 von Fritz Schumacher erbaut wurde. Nachdem 1962 Tomaten und Tulpen in die neuen Großmarkthallen umgezogen waren, fanden hier zunächst Rock und Punk eine Heimat. Später kam die bildende Kunst dazu. Der Kunstverein Hamburg siedelte sich in der Markthalle an, außerdem die Freie Akademie der Künste und das Kunsthaus. Zusammen mit der Hamburger Kunsthalle, dem Museum für Kunst und Gewerbe und schließlich den Deichtorhallen entstand so die **Hamburger Kunstmeile.**

Aber nicht nur Ausstellungen beherbergt die Markthalle, sondern auch eine skurrile Ladenpassage. Man geht zwei Treppen hinunter, öffnet eine schwere Tür – und steht vor Silberleuchtern und zierlichen Zuckerzangen. Links und rechts liegen Antikgeschäfte, eins neben dem anderen. Kein Zufall, wenn das ein bisschen an London erinnert: Die dortigen überdachten Antik- und Trödelmärkte standen Pate für das **Antik-Center.** Allerdings auch, was die Preise angeht, denn Flohmarktniveau darf man hier nicht erwarten. Dafür kann man eine wunderbare Stunde in Kunst, Kitsch und Krempel stöbern. So mancher Händler sitzt vor seiner Ladentür, wo er (oder sie) gerade einen gemütlichen Plausch mit den Nachbarn hält. Stammkunden werden mit Namen begrüßt. Angesichts dieser Gemütlichkeit kommt man sich beinahe vor, als wäre man in das plüschige Wohnzimmer einer alten Tante gestolpert, vollgestopft mit Dingen und Erinnerungen.

Stöbern in Antikem in der alten Markthalle

Um Hunger und Durst zu stillen, geht man ein Stück weiter zu den Deichtorhallen. Dort punktet das **Fillet of Soul** nicht nur mit kreativer Küche, sondern auch dadurch, dass man hier nach Herzenslust kunstsinniges Volk beobachten kann. Mitunter ist das spannender als Kino.

Robuster, aber herzlich geht es in der **Oberhafenkantine** zu, die sich am anderen Ende der Oberhafenbrücke unter die Bahngleise duckt. Das im wahrsten Sinne des Wortes schräge Backsteingebäude ist ein ganz besonderes Hamburger Urgestein. 1925 erbaut, ist sie die letzte der einst allgegenwärtigen „Kaffeeklappen", in denen die Hafenarbeiter ihre Pausen verbrachten. In den letzten Jahren hat sie sich wieder zum beliebten Treffpunkt entwickelt. Hierher kommen die Arbeiter, die an der nahen HafenCity (▸ Seite 12) bauen, aber auch Angestellte aus den dortigen Büros und Medienleute auf der Suche nach dem aktuellsten Trend. Sie alle schieben sich auf die alten, lederbezogenen Holzbänke des Schankraums und bestellen Pellkartoffeln mit Quark, Bockwurst oder das legendäre „Hamburger Rundstück warm", eine Scheibe Braten mit Sauce im Brötchen. Solide Küche in bodenständigem Ambiente eben. Auch wenn dieser Boden ein bisschen schräg liegt.

Fillet of Soul
Deichtorstraße 2
20095 Hamburg
Tel. (040) 70 70 58 00
Di–Sa 11–24 Uhr
(Küche bis 22 Uhr)
So 11–18 Uhr
www.fillet-of-soul.de

Oberhafenkantine
Stockmeyerstraße 39
20457 Hamburg
Di–So 12–21 Uhr
(Winteröffnungszeiten evtl. abweichend)
www.oberhafenkantine-hamburg.de

3 Altstadt

- Seele baumeln lassen
- Schöne Aussicht
- Parks/Natur
- **Am Wasser**
- **Historische Gebäude**
- **Stadtteil**
- Szene
- Sport/Wellness
- Mit Kindern

Anfahrt
U-Bahnhof Baumwall

Ti Breizh
Haus der Bretagne
Deichstraße 39
20459 Hamburg
Tel. (040) 37 51 78 15
Mo–So 12– ca. 23.30 Uhr
(Küche bis 22 Uhr)
www.tibreizh.de

Ponton auf dem Nikolaifleet

Nikolaifleet, Speicherstadt, HafenCity

Tango am Wasser

Dort, wo die Altstadt auf die Elbe schaut, beginnt ein kleiner Spaziergang, der zu einigen der idyllischsten Plätze der Hansestadt führt – und dabei fast dreihundert Jahre hamburgische Geschichte streift.

Los geht es im 18. Jahrhundert, in der **Deichstraße.** Das malerische Ensemble von hanseatischen Bürgerhäusern gehört zu den wenigen Straßenzügen in der Innenstadt, die vor 1842 erbaut wurden – dem Jahr des Großen Brandes, in dem die Innenstadt von Hamburg größtenteils zerstört wurde. Hier in der Deichstraße hatte das verheerende Feuer seinen Ausgangspunkt. Auf beinahe wundersame Weise fraßen sich die Flammen ihren Weg von der Deichstraße weg – und der historische Straßenzug blieb erhalten.

Auch kulinarisch bietet die Deichstraße einen Höhepunkt: Die Crêpes und Galettes (Buchweizenpfannkuchen) im bretonischen **Restaurant Ti Breizh** sind Grund genug für einen Besuch. Im Sommer lockt außerdem die Terrasse, auf der man gemütlich sitzen und aufs Wasser schauen kann. Außentische, Stühle und Sonnenschirme stehen auf einem Ponton, der im **Nikolaifleet** schwimmt. Der Kanal, die ehemalige Alstermündung, fließt zwischen Deichstraße und der Insel Cremon entlang – falls nicht gerade Niedrigwasser herrscht. Die Auswirkungen von Ebbe und Flut spürt man nämlich auch in Hamburg noch, und so fällt das Nikolaifleet alle paar Stunden trocken. Macht nichts – man bestellt sich einfach noch einen Cidre und wartet darauf, dass das Wasser wiederkommt. In der Zwischenzeit genießt man den Blick auf die Fachwerkrückseiten der alten Häuser. Von der einen Seite grüßt der Turm der im Krieg zerstörten Nikolaikirche, auf der anderen tauchen die ersten Silhouetten der Speicherstadt auf. Übrigens ist es nicht notwendig, für diesen Anblick im Restaurant zu essen: Genau zwischen dem Ti Breizh und dem Haus Deichstraße Nummer 41 tut sich ein schmaler Durchgang auf, der in wenigen Schrit-

Das Windenwärterhäuschen in der Speicherstadt

ten und ein paar Treppenstufen zu einem weiteren Ponton führt. Die Wellen plätschern ein bisschen und eine Bank steht netterweise für eine Ruhepause bereit.

Von der Deichstraße aus gelangt man über eine Brücke in die **Speicherstadt** – und gleichzeitig in ein anderes Jahrhundert. So alt die hohen Backsteinspeicher auch aussehen: Sie datieren erst vom Ende des 19. Jahrhunderts. Damals war die Stadt Hamburg gerade dem Deutschen Zollverein beigetreten, ließ sich aber für ihren Hafen Zollfreiheit zusichern, um den Überseehandel nicht durch Abgaben zu behindern. Weil die meisten Speicher der Hansestadt zu diesem Zeitpunkt außerhalb des Hafengeländes lagen und daher von den Zollprivilegien nicht profitieren konnten, wurden kurzerhand neue gebaut. Für dieses Großprojekt siedelte man ab 1883 Tausende von Arbeitern aus ihren Wohnquartieren um. Ihre Häuser wurden abgerissen. An ihrer Stelle entstand die – für damalige Verhältnisse – hochmoderne Anlage der Speicherstadt, in der Waren höchst effizient umgeschlagen und gelagert werden konnten. Diesen Zweck erfüllen die fünfstöckigen Speicher bis

Die Magellan-Terrassen sind ein beliebter Treffpunkt für den Sonnenuntergang

heute. Dicke Wände sorgen für gleichbleibendes Klima in den Gebäuden, und besonders Teppiche finden hier ideale Lagerbedingungen. Am romantischsten wirkt die Speicherstadt am Abend, wenn die Strahlen der Sonne die Backsteinfassaden rot aufglühen lassen. Kurze Zeit später beleuchten Hunderte von Scheinwerfern die Giebel, Erker und Brücken der Speicher und verleihen ihnen einen Reiz, der so gar nicht zu ihrer profanen Zweckbestimmung passen will. Welche Schätze wohl in den Speichern lagern mögen? Nur zu gerne würde man einmal auf den verschiedenen Böden stöbern! Einen kleinen Eindruck davon vermittelt das **Speicherstadtmuseum.** Es informiert über Kaffee, Tee, Kakao und andere Kolonialwaren, über Hafenberufe und die Arbeit in den Speichern. Und das nicht nur theoretisch, sondern auch ganz sinnlich mit Tee- und Schokoladenverkostungen.

Speicherstadtmuseum
St. Annenufer 2
20457 Hamburg
Tel. (040) 32 11 91
1. April bis 31. Oktober:
Di–Fr 10–17 Uhr
Sa/So 10–18 Uhr
1. November bis 31. März:
Di–So 10–17 Uhr
Eintritt 3,50 € Erwachsene,
2 € Kinder
www.speicherstadtmuseum.de

Bei einem anschließenden Spaziergang kann man in wenigen Schritten noch einmal einen Zeitsprung um gute hundert Jahre machen. Denn hinter der Speicherstadt wird an Hamburgs Zukunft gebaut: der **HafenCity.** Auf dem ehemaligen Hafengelände entsteht in den kommenden Jahren eines der größten Stadtviertel Hamburgs. Noch ragen überall Baustellenkräne in den Himmel, aber gleichzeitig leben und arbeiten hier bereits Menschen. Bekannt ist die HafenCity für klare, moderne Architektur. Doch inmitten hoher Häuser und rechter Winkel liegen ein paar öffentliche Plätze, die erstaunlich lebendig sind und zum Bleiben einladen. Was sicher auch an dem allgegenwärtigen Wasser liegt – mit Blick auf Wellen und Möwen lässt es sich gut aushalten.

Auf den **Magellan-Terrassen** zum Beispiel. Hier erklingt an schönen Sommerabenden schon mal Tangomusik, und es wird im Freien getanzt, während hinter der Baustelle der Elbphilharmonie die Sonne untergeht. Die Traditionsschiffe, die gegenüber liegen, bilden einen spannenden Kontrast zu den umgebenden modernen Gebäuden. Noch entspannter geht es an der **KaiserPerle** in der Nähe des Vasco-da-Gama-Platzes zu: ein kleines Bistro, etliche Tische vor der Tür, davor breite Stufen, auf denen bei Andrang noch jede Menge Gäste Platz finden. In der KaiserPerle gibt es Kleinigkeiten von Matjes bis Pasta, aber vor allem gibt es einen großartigen Blick über die Elbe. Gelegentlich zieht eines der riesigen Schiffe vorbei, die gerade Autos in ihren Rumpf geladen haben. Und mit etwas Glück lässt sich sogar beobachten, wie ein Kreuzfahrtschiff an seinen Ankerplatz am nahe gelegenen Kreuzfahrtterminal bugsiert wird. Von gegenüber klingen die Geräusche des Hafens.

Manchmal, wenn der Wind kühl durch die HafenCity pfeift, sehnt man sich allerdings nach einem geschützteren Plätzchen. Einer der nettesten Orte, um sich die Hände an einer Tasse heißem Kaffee zu wärmen, ist das **K.u.K. Kaffeehaus** – nur dass der Kaffee hier nicht einfach auf den Namen Kaffee hört, sondern Einspänner oder Großer Brauner heißt. Denn auch wenn K.u.K. von den Betreibern als „klein und kaiserlich“ übersetzt wird: Die österreichische Herkunft wollen sie keineswegs verleugnen. Das wäre auch zwecklos: Kipferl zum Frühstück und süße Köstlichkeiten von Topfenstrudel bis Sachertorte sprechen eine deutliche Sprache. Eine, bei der man sich gleich willkommen fühlt.

Tangoklänge auf den Magellan-Terrassen

Bistro KaiserPerle
Am Kaiserkai 47
20457 Hamburg
Tel. (040) 30 06 88 95
Di–So ab 11 Uhr
www.kaiserperle.de

K.u.K. Kaffeehaus
Am Kaiserkai 26
20457 Hamburg
Tel. (040) 36 12 24 80
Di–So 10–18 Uhr
www.k-u-k-kaffeehaus.de

Fernweh auf den Marco-Polo-Terrassen

4
Rotherbaum

- Seele baumeln lassen
- Schöne Aussicht
- Parks/Natur
- Am Wasser
- Historische Gebäude
- Stadtteil
- Szene
- Sport/Wellness
- Mit Kindern

Anfahrt
S-Bahnhof Dammtor

Am Ende des Spaziergangs locken Kaffee und Literatur

Alsterufer, Literaturhaus

... und sonntags an die Alster

Die entscheidende Frage, die sich am Anfang eines **Alsterspaziergangs** stellt, ist: rechtsrum oder linksrum? Wer von der Innenstadt aus den Weg im Uhrzeigersinn einschlägt, der genießt gleich am Anfang des Spaziergangs die schöneren Parkanlagen. Und kann sich auf drei Vierteln der Runde mit Literatur und Latte macchiato belohnen.

Ob man dagegen an der Alster spazieren geht, das scheint im Gegensatz zur Richtung keine Frage zu sein. Jedenfalls nicht für die Anwohner aller einigermaßen nahe gelegenen Stadtteile, die sich am Wochenende zum Alstercorso einfinden. Man führt die schicken Stiefel, den Kaschmirmantel und die Sonnenbrille spazieren. Man tauscht ein bisschen Smalltalk aus, während die jeweiligen Rassehunde sich gegenseitig hochmütig beäugen. Dabei kann es manchmal voll werden auf den Spazierwegen. Trotzdem ist beschauliche Ruhe hier auch am Wochenende zu finden: wenn man den Blick von den Mitspaziergängern auf Grün und Wasser richtet oder auf einer der Bänke am Ufer Platz nimmt. Die große Wasserfläche erlaubt dem Blick, ins Weite zu schweifen. Das Weiß der Segelboote und das Blau des Himmels beschwören Ferien am Meer herauf. Der Schwan paddelt hoffnungsvoll heran und beäugt den Rastenden (Brot?). Nur wenn in Ufernähe ein Drachenboot unter Getrommel und Kommandogeschrei vorbeikommt, dann ist es für kurze Zeit mit der Ruhe vorbei. Dafür darf man sich darüber freuen, auch gemächlichen Schrittes vorwärtszukommen, statt wie die Drachenbootsportler jeden Meter mit einem Paddel erkämpfen zu müssen.

Eine ganze Weile geht es auf der **linken Alsterseite** immer im Grünen entlang. Dass das möglich ist, verdanken die Hamburger (und die Besucher der Stadt) der Internationalen Gartenbauausstellung von 1953. Erst für sie wurden etliche Privatgärten, die vorher zu Villen am Harvestehu-

der Ufer gehörten, zum öffentlichen Park **Alstervorland** zusammengefasst.

Die **Krugkoppelbrücke** am oberen Ende der Alster bietet Gelegenheit für eine Aussichtspause. An die sonnenwarme Backsteinbrüstung gelehnt, überblickt man in Richtung Süden fast die gesamte **Außenalster.** Übrigens handelt es sich dabei um einen Stausee. Schon im 13. Jahrhundert wurde das kleine Flüsschen Alster aufgestaut, um daran Mühlen zu betreiben. Die Innenstadt mit ihren Türmen sieht man von der nächsten Brücke aus, die denn auch treffend **Fernsicht** heißt.

Blick von der Fernsichtbrücke

Ab jetzt führt der Weg nicht mehr an einem so üppigen Grünstreifen entlang. Dafür geht man im Frühling streckenweise unter einem rosa Dach, wenn die japanischen Zierkirschen blühen. Kein Wunder, dass an der Alster jedes Jahr das japanische Kirschblütenfest mit einem großen Feuerwerk gefeiert wird! Außerdem kann man einen Blick auf Hamburgs schönste **Moschee** werfen, die mit wunderbaren blauen Kacheln und zwei spitzen Minaretten ein Stück Persien an die Alster bringt. Jetzt ist es nicht mehr weit bis zum Ziel des Spaziergangs: dem **Hamburger Literatur-**

Ein Plätzchen an der Außenalster

haus am Schwanenwik. In der weißen Villa lässt sich nämlich nicht nur der Muse, sondern genauso gut auch der Muße frönen. Genau dieser altmodische Begriff kommt einem in den Sinn, wenn man im Literaturhauscafé nach einer der ausliegenden Zeitschriften greift und es sich an einem der Tische bequem macht. Wer weiß, vielleicht inspirieren ja die hohe Stuckdecke oder der Blick aus dem Fenster ins Grüne zu einem Roman. Und wenn nicht – der Bohème, ob literarisch oder anders, kann man sich zumindest dadurch nah fühlen, dass man noch am Nachmittag (bis 18 Uhr) Frühstück bestellt. Mit französischem Rohmilchkäse, wenn man möchte. Mit etwas Glück liest danach in den oberen Räumen der Lieblingsschriftsteller aus seinem neuesten Werk. Man kann sich aber auch bei dem regelmäßig stattfindenden Philosophischen Café auf eine Reise zu den wirklich wichtigen Fragen des Lebens begeben – oder in der gut sortierten Buchhandlung auf eine literarische Entdeckungsreise.

Das Literaturhaus, in dem sich heute bekannte Autoren die polierten Messingklinken in die Hand geben, wurde 1867 erbaut. Hochherrschaftlich muss es damals zugegangen sein. Von Bällen und großen Gesellschaften erzählt jedenfalls der (etwas später angebaute) **Gartensaal** im Erdgeschoss, auf dessen Deckengemälde auch heute noch munter Blumen gestreut werden. Getanzt wurde auch später wieder, als eine Zeit lang die Ausdruckstänzerin Lola Rogge hier unterrichtete. Dann allerdings ging es mit dem Haus bergab. Zuletzt als Mädchenwohnheim genutzt, verkam es zusehends und wurde beinahe in letzter Minute gerettet. 1989 eröffnete das Literaturhaus Hamburg in den Räumen.

Wer bei der Rast die Alster nicht ganz aus dem Blick verlieren möchte, nimmt übrigens im oberen Stockwerk des Literaturhauscafés Platz – oder versorgt sich lieber direkt am Ufer in dem kleinen Pavillon der Alsterperle. Nur noch ein kurzer Weg ist es von hier wieder zurück zum Dammtor oder zum Hauptbahnhof.

Literaturhaus Hamburg
Schwanenwik 38
22087 Hamburg
Tel. (040) 22 70 20 11
www.literaturhaus-hamburg.de

Literaturhauscafé
im Literaturhaus Hamburg
Mo–Fr 9–24 Uhr
Sa/So 10–24 Uhr
Tel. (040) 220 13 00
www.literaturhauscafe.de

- Seele baumeln lassen
- Schöne Aussicht
- Parks/Natur
- Am Wasser
- **Historische Gebäude**
- **Stadtteil**
- **Szene**
- Sport/Wellness
- **Mit Kindern**

Anfahrt
U-Bahnhof St. Pauli

Tabakladen von 1850 im hamburgmuseum

hamburgmuseum, Peterstraße

Palmenoase und Altstadtflair

Lauschig? Wenn man vor dem **Museum für Hamburgische Geschichte** (das sich heute marketingtauglich **hamburgmuseum** nennt) steht, denkt man: Imposant. Vielleicht auch: Beeindruckend. Genau das beabsichtigte Kurt Schumacher vermutlich, der den 1922 fertiggestellten Bau entwarf. Schließlich sollte hier hanseatischer Bürgerstolz in Backstein und Mörtel verewigt werden. Mit lauschig hatte das nichts zu tun. Und doch verbirgt sich im Innern eine kleine Oase, Palmen inklusive. Man entdeckt sie spätestens dann, wenn sich nach längerer Wanderung durch die Ausstellungsräume Kaffeedurst meldet: Denn die Oase gehört zum **Café Fees.** 1989 wurde der weitläufige Innenhof des Museums mit einem gläsernen Dach versehen. Seitdem kann man auf der Terrasse wie in einem Wintergarten unter Palmwedeln sitzen. Sonnenflecken tanzen über die ausgestellten Gartenstatuen, und bei kühlem Wetter verbreiten Heizstrahler wohlige Wärme. Während man den Nachmittag über einem Milchkaffee verträumt, verrinnt fast unbemerkt die Zeit. Vielleicht doch noch ein Stückchen Kuchen?

Bei aller Gemütlichkeit – ein, zwei Stündchen sollte man erübrigen, um im Museum selbst auf Entdeckungstour zu gehen. Es gibt keinen besseren Ort, um auf unterhaltsame Art in die Geschichte der Hansestadt hineinzuschnuppern. Die Sammlungen vermitteln einen guten Eindruck davon, wie in Hamburg von der Stadtgründung bis in die Gegenwart gelebt und gearbeitet wurde. Einige der Dauerausstellungen widmen sich einzelnen Epochen, andere picken Themen wie das jüdische Leben in Hamburg heraus und beleuchten es über mehrere Jahrhunderte hinweg. In den Räumen findet garantiert jeder etwas, das ihn fesselt: Bei Kindern lösen die Piratenschädel von Störtebeker und Gesellen faszinierten Grusel aus. Erwachsene stehen gerne vor den historischen

Hamburgmodellen („Diese Blockhütte hier soll die Hammaburg gewesen sein?"). Oder sie bewundern die großzügigen Treppen, die Säulen, Balustraden und Galerien des Museumsgebäudes selbst.

Müde vom Schauen und Staunen? Wenn Sie nach so viel hanseatischer Größe einfach mal tief durchatmen wollen, dann wenden Sie sich nach Verlassen des Museums nach links und umrunden das Gebäude. Auf der Rückseite tritt man durch ein prachtvoll verziertes Portal in eine andere Zeit: **Barockgärtchen** wie dieses ließen sich reiche Hamburger Bürger im 17. und 18. Jahrhundert gerne anlegen. Kunstvoll zu Ornamenten geschnittene Buchsbaumhecken standen für das Ideal einer gezähmten, beherrschbaren Natur. Auch wenn wir heute üppig wuchernde Blumengärten durchaus zu schätzen wissen: An Plätzen wie diesen spürt man, dass auch das Regelmäßige Augen und Seele wohltut. Der winzige Garten strahlt eine altmodische Ruhe aus. Vielleicht wird er deshalb von den meisten Leuten übersehen.

Von hier aus können Sie in einem hübsch angelegten Grüngürtel weiterspazieren, bis Sie zum Park Planten un Blomen (▸ Seite 24) kommen (zu

Im Café Fees sitzt man unter Palmen

hamburgmuseum
Museum für Hamburgische Geschichte
Holstenwall 24
20355 Hamburg
Tel. (040) 42 81 32 23 80
Di–Sa 10–17 Uhr
So bis 18 Uhr
www.hamburgmuseum.de

Café Fees
im hamburgmuseum
Öffnungszeiten siehe Museum
Tel. (040) 317 47 66
www.fees-hamburg.de

dem diese Wallanlagen gleichwohl schon dazugehören). Wer aber noch ein bisschen in die Vergangenheit eintauchen will, überquert den Holstenwall und folgt der **Peterstraße** über die Straße Hütten hinweg.

Hier ist es, das alte Hamburg: kopfsteingepflasterte Straßen, Backsteinfassaden, Fach- und Giebelwerk. Altstadtflair vermisst man gelegentlich in der Hansestadt, die zuerst 1842 durch ein Großfeuer und noch einmal durch alliierte Bombardierung 1943 in Schutt und Asche gelegt wurde. Allzu wenig ist übrig geblieben von den alten Häusern und schmucken Fassaden. Abgesehen von diesem Straßenzug – scheinbar: denn was man hier sieht, ist eine freundliche Täuschung des 20. Jahrhunderts. Das einzige original erhaltene Gebäude ist das **Barockhaus des Beylingstifts** in der Peterstraße 35–37. Durch einen Durchgang zwischen den Häusern gelangt man in den idyllischen Stiftshof: Rosen blühen hier und die Bänke um den kleinen Brunnen laden zum Verweilen ein. Die übrigen Häuser in der Peterstraße, deren Backsteinfassaden für den heimelig-alten Eindruck sorgen, sind Neubauten, teils unter Verwendung von Fassaden, die einst an ganz anderen Orten in der Stadt standen. Kritiker bemängeln, dass die Pe-

Idyllisches Plätzchen im Hof des Beylingstifts

terstraße so nie ausgesehen hat, dass außerdem keine Straße im 18. Jahrhundert so breit gewesen sein dürfte. Aber echt oder nicht echt: Einen Moment lang kann man die Fantasie hier trotzdem in eine Vergangenheit der Kutschen, Reifröcke und Wasserträger schweifen lassen. Musikfreunde finden hier außerdem das **Johannes-Brahms-Museum.** Zwar kam der große Sohn der Stadt ein paar Straßen weiter zur Welt, aber sein Geburtshaus existiert nicht mehr.

Wer zum Abschluss noch ein bisschen lebendiges, authentisches Hamburg erleben möchte, der spaziert über Neanderstraße und Neuen Steinweg zum **Großneumarkt.** Dieser Platz bildet das Zentrum der Neustadt, die jahrhundertelang eines der ärmsten und am dichtesten besiedelten Viertel innerhalb der Stadtbefestigungen war. Beides gilt heute nicht mehr. Aber im Gegensatz zur Hamburger Altstadt, die durch Büros geprägt ist, gibt es in der Neustadt noch Wohnungen – und Leben. Zweimal in der Woche findet unter den Bäumen des Großneumarkts Wochenmarkt statt. Und im Sommer stellen Restaurants und Kneipen Tische und Stühle auf den Platz, sodass man sich vorkommt wie in einem riesigen Biergarten.

Johannes-Brahms-Museum
Peterstraße 39
20355 Hamburg
Tel. (040) 41 91 30 86
15. März bis 15. Oktober:
Di–So 10–17 Uhr
16. Oktober bis 14. März:
Mi geschlossen
www.brahms-hamburg.de

Wochenmarkt auf dem Großneumarkt
Mi, Sa 8.30–13.30 Uhr

▶ Seele baumeln lassen
▶ Schöne Aussicht
▶ Parks/Natur
▶ Am Wasser
▶ Historische Gebäude
▶ Stadtteil
▶ Szene
▶ Sport/Wellness
▶ Mit Kindern

Anfahrt
U-Bahnhof Gänsemarkt

Informationen zum Gängeviertel unter
www.das-gaengeviertel.info

Das Motto zur Rettung des Gängeviertels

Gängeviertel

Bunt, bunter, Gängeviertel

Eine Kunstoase mitten in der Hamburger Innenstadt lädt zum Staunen, Entdecken und Verweilen ein: das **Gängeviertel.** Mit viel Farbe und Fantasie hat eine Gruppe von Kreativen hier einen Ort geschaffen, an dem Kunst aus dem bunten, prallen Leben entsteht – ein Ort, der selbst ein Kunstwerk ist. Diese Enklave in der Welt der Büros und grauen Anzüge befindet sich zwischen den Straßen Valentinskamp und Caffamacherreihe, im Schatten des ehemaligen Unilever-Hochhauses. Zu erreichen ist sie über Durchgänge vom Valentinskamp aus, die man leicht übersieht. Schlüpft man hindurch, findet man sich zwischen eng und hoch gebauten Backsteinhäusern wieder. Hier hat ein kleiner Rest alter Gebäude die Jahrhunderte überdauert: die Feuersbrunst von 1842, die Bombenangriffe des Zweiten Weltkriegs und die Abrisswut der Wirtschaftswunderzeit.

Vor hundertfünfzig Jahren prägte diese dichte Bebauung die Neustadt, damals ein innerstädtisches Arbeits- und Elendsquartier. So eng wohnten die Menschen aufeinander, dass nur schmale Gänge zu den Häusern führten – daher der Name „Gängeviertel“. In diesem überbevölkerten Labyrinth wurde 1833 auch der Komponist Johannes Brahms geboren. Sein Geburtshaus steht allerdings heute nicht mehr; ein Museum wurde ihm in der Peterstraße eingerichtet (▶ Seite 21).

Beinahe wären auch die letzten Überreste des alten Viertels der Abrissbirne zum Opfer gefallen. Die Häuser standen bereits leer und verfielen zusehends, als 2009 eine Gruppe von Künstlern unter dem Motto „Komm in die Gänge!“ die Gebäude besetzte. Mit Ausstellungen und Aktionen machten sie auf sich aufmerksam, setzten die Häuser notdürftig instand und richteten darin Ateliers, Galerien und eine Volksküche ein. Nach zähen Verhandlungen kaufte die Stadt Hamburg die Gebäude schließlich und ließ die Künstler bleiben.

Wer die **Schier's Passage** betritt, trifft auf eine Art anarchistisches Hinterhofidyll: Sperrmüllsofas

und selbstgezimmerte Tische, blühende Topfpflanzen und Anti Konsum Manifeste, Schrottskulpturen und Grafittikunst. Ständig entstehen neue Kunstwerke und neue Aktionen. Das Gängeviertel ist so lebendig wie schon seit Jahren nicht mehr. Es sprüht vor bunten und schrägen Ideen, und von dieser Stimmung lässt man sich gern anstecken, wenn man vorbeischaut und sich neugierig umsieht. In der **Freilichtgalerie** zum Beispiel, dem Gang, den man von der Caffamacherreihe aus erreicht. Hier wurden die Fassaden weiß getüncht, soweit der Pinsel reichte. Nun tanzen jede Menge Fantasiewesen und menschliche Figuren über die Wände – um demnächst vielleicht wieder übertüncht zu werden und neuen Kunstwerken Platz zu machen.

Fast immer, wenn man in die Gänge kommt, eröffnet gerade irgendwo eine Ausstellung, findet ein Konzert statt oder wird gefeiert. Ein paar Galerien haben sich hier angesiedelt; in Gebäuden, die „Butze“ heißen oder „Fabrik“, werden wechselnde Veranstaltungen gezeigt. Am besten kommt man auf gut Glück, sieht sich um, kauft irgendwo eine Flasche Bier, setzt sich auf eine Treppe oder einen wackligen Stuhl und schaut dem Leben zu. Auch das könnte morgen oder übermorgen schon ganz anders aussehen. Spannend bleibt es in den Gängen mit Sicherheit.

Die Schier's Passage (ent-) führt in einen bunten Hinterhof

7

St. Pauli

- Seele baumeln lassen
- Schöne Aussicht
- Parks/Natur
- Am Wasser
- Historische Gebäude
- Stadtteil
- Szene
- Sport/Wellness
- Mit Kindern

Anfahrt
S-Bahnhof Dammtor
U-Bahnhof Stephansplatz

Eingang zum Gewächshaus

Planten un Blomen

Kirschblüten und Vergänglichkeit

Mitten in der Hamburger Innenstadt liegt eine grünbunte Oase: der Park **Planten un Blomen.** Wer sich aufmacht, ihn zu erkunden, findet allerdings schnell heraus, dass es „den Park" nicht gibt. Stattdessen warten jede Menge unterschiedliche Gartenanlagen darauf, entdeckt zu werden. Und gerade, wenn man meint, nun wirklich alles gesehen zu haben, verändert der Park sein Gesicht. Hier blüht etwas auf, dort verblüht etwas anderes – nie findet das Staunen ein Ende. Und dann gibt es die Momente, in denen die Sinne gar nicht auszureichen scheinen, um die Schönheit um einen herum aufzunehmen. Im **Rosengarten** kann es einem schon einmal so gehen, wenn alle 300 Sorten Rosen blühen und man nicht weiß, wohin zuerst schauen – geschweige denn, an welcher Blüte zuerst riechen!

In solchen Augenblicken kommt einem der Name des Parks in seinem plattdeutschen Understatement schon fast komisch vor: Planten un Blomen – Pflanzen und Blumen. Dabei gibt es in Hamburgs zentralem Innenstadtpark wirklich mehr zu entdecken als nur ein bisschen Grünzeug. Das liegt zum einen daran, dass er aus ganz verschiedenen Teilen zusammengewachsen ist: Auf einem Teil des Geländes befand sich von 1863 bis 1930 der städtische Zoo (nicht zu verwechseln mit Hagenbecks Tierpark). Nach Schließung der Anlage begann 1930 die Umgestaltung in einen öffentlichen Park. Dabei wurden nach und nach auch die Wallanlagen, also die historischen Stadtbefestigungen, einbezogen. Und schließlich gehört inzwischen auch noch der Alte Botanische Garten zu Planten un Blomen. Die Vielfalt der Gartengestaltung erklärt sich außerdem aus den vielen Gartenbauausstellungen. Jede von ihnen verfolgte den Anspruch, die ganze Bandbreite moderner Gartenkunst abzubilden. So wurden die Parkanlagen immer wieder um- und neugestaltet.

Im Japanischen Garten

Zu den jüngeren Parkteilen und gleichzeitig zu den beschaulichsten Plätzchen gehören die beiden **Japanischen Gärten.** Sie wurden 1988 und 1990 von dem japanischen Gartenkünstler Yoshikuni Araki angelegt. Gedanken des Zen und der östlichen Philosophie hatten längst Einzug gehalten in die westliche Welt. Man wollte den gehetzten, gestressten Großstädtern einen Ort geben, an dem sie innehalten und Achtsamkeit üben können. Zum Glück muss man sich nicht erst mit Zen auseinandersetzen, um die Gärten zu genießen. Auch so verlangsamt man unwillkürlich das Tempo, wenn man den gewundenen Wegen folgt. Diese Landschaft im Kleinen will bewusst wahrgenommen werden. Mit jedem Schritt kann sich eine völlig neue Perspektive eröffnen. Der Bach, den man gerade überquert hat, stürzt sich plötzlich als kleiner Wasserfall über eine Felskante. Eine knorrige Kiefer steht neben einem riesigen Findling, der aussieht, als liege er seit Urzeiten hier. Was er aber nicht tut: Alle Steine wurden von Araki sorgsam im Fichtelgebirge ausgesucht und nach Hamburg gebracht. All das erinnert – nicht ganz zufällig – an japanische Tuschezeichnungen.

Von seiner zauberhaftesten Seite zeigt sich der Japanische Landschaftsgarten (gleich am Planten-

Planten un Blomen
1. Mai bis 30. September
7–23 Uhr
1. Oktober bis 31. März
7–20 Uhr
April 7–22 Uhr

Blütenpracht im denkmalgeschützten Tropengewächshaus

un-Blomen-Eingang Stephansplatz gelegen) natürlich im April, wenn die Zierkirschen blühen und jeder Windstoß zarte rosa Blütenblätter zu Boden sinken lässt. In der Symbolik japanischer Gärten stehen die Blüten für Vergänglichkeit, während die Kiefern den beständigen Gegenpol bilden.

Ein **Teehaus** bildet das Zentrum des etwas größeren Japanischen Gartens neben dem überdachten Gang zum Messezentrum CCH. Im Sommer wird hier sonntagsnachmittags grüner Tee ausgeschenkt, und gelegentlich kann man sogar an japanischen Teezeremonien teilnehmen. Aber selbst wenn Sie nicht zu einem dieser Termine kommen: Setzen Sie sich einfach auf die Holzterrasse, lassen Sie die Beine über den kleinen Teich baumeln und sehen Sie den Fischen zu. Als Balsam für die Seele ist das genauso wirkungsvoll wie zeremoniell aufgebrühter grüner Tee.

Japanisches Teehaus
1. Mai bis 30. September
Di–So 15–18 Uhr
Termine der Teezeremonien unter
www.plantenunblomen.hamburg.de/japan.html

Wer übrigens noch weitere Garten-Ausflüge in ferne Länder unternehmen möchte: Die **Schaugewächshäuser des Alten Botanischen Gartens** entführen auf kleinstem Raum in den tropischen Regenwald, in eine subtropische Hügellandschaft und im Kakteenhaus sogar in die Wüste. Einen Rundgang lang darf man sich ganz weit weg fühlen – und kehrt etwas schlauer wieder in die norddeutsche Wirklichkeit zurück: Tafeln erklären, warum Palmen ideal konstruiert sind, um tropische Stürme zu überstehen, und woher die Teepflanze stammt.

Tropengewächshäuser
Tel. (040) 428 38-29 21
März bis Oktober:
Mo–Fr 9–16.45,
Sa/So 10–17.45 Uhr
November bis Februar:
Mo–Fr 9–15.45,
Sa/So 10–15.45 Uhr
www.plantenunblomen.hamburg.de/parkanlagen.html

Eine weitere Attraktion bietet Planten un Blomen während der Sommermonate mit den **Wasserlichtkonzerten.** Jeden Abend „tanzen" dann die Fontänen im Parksee zu wechselnder Musik, farbig beleuchtet von Unterwasserscheinwerfern. Im Gegensatz zu den Enten, die beim ersten Ton schnatternd das Weite suchen, lassen sich die Zuschauer gerne von dem Schauspiel verzaubern. Besonders effektvoll lässt sich natürlich ein Stück wie Smetanas Klassikdauerbrenner „Die Moldau" an der Wasserlichtorgel begleiten. Dann sprudelt es zunächst zaghaft wie die Moldauquellen, gewinnt allmählich an Kraft, und zum brausenden Finale steigen die Fontänen weit in die Höhe. Wunderbar für einen lauschigen Sommerabend.

Wasserlichtkonzerte am Parksee
1. Mai bis 31. August:
täglich 22 Uhr
1. bis 30. September:
täglich 21 Uhr
kostenlos
Musikprogramm unter
www.plantenunblomen.hamburg.de/park.htm

8

Harvestehude

- Seele baumeln lassen
- Schöne Aussicht
- Parks/Natur
- Am Wasser
- Historische Gebäude
- Stadtteil
- Szene
- Sport/Wellness
- Mit Kindern

Anfahrt
U-Bahnhof Klosterstern oder Eppendorfer Baum

Paddeltour Alster und Kanäle

Aug' in Aug' mit den Schwänen

Manchmal ist Romantik nicht nur eine Frage des Wo, sondern auch des Wie. Die Alster und all die Kanäle und Flüsschen, die in sie münden, haben schon allein das Zeug dazu, in romantische Stimmung zu versetzen. Fährt man aber in einem Kanu oder Ruderboot direkt auf ihnen, dann entfalten sie einen ganz besonderen Zauber. Wer außer einem Picknick auch Zeit und Gelassenheit mit an Bord nimmt, der lässt andere Paddler und Ruderer vorüberziehen und findet hier und da ein Eckchen, wo man sich einfach treiben lassen kann. Im wahrsten Sinne des Wortes. Dem stärksten Wasserverkehr entgeht man dabei, wenn man am frühen Vormittag oder in den Abendstunden unterwegs ist.

Bootsvermietungen gibt es in Hülle und Fülle. Für die vorgeschlagenen Paddel- und Ruderstrecken sind die am günstigsten, die am **Isebekkanal** in Harvestehude liegen. Von hier aus gelangt man im Paddelumdrehen in einen kleinen Wasserlauf

Romantik auf Hamburgs Kanälen: Am schönsten vom Boot aus zu genießen. Hier auf dem Langen Zug.

mit großzügigen Gärten rechts und links: den **Leinpfadkanal.** Boote liegen an den privaten Stegen vertäut. Alte Bäume strecken ihre Äste übers Wasser. Und der ein oder andere Schwan gleitet so hochnäsig vorbei, als gehörte die ganze Villenherrlichkeit ihm. Nach einer Weile führt der Kanal wieder auf die Alster, die hier noch als kanalisierter Fluss ohne Binnensecambitionen daherfließt. Folgt man ihr ein Stück weit nach Norden, grüßt von links der Turm der Kirche **St. Johannis Eppendorf.** Das romantische Fachwerkkirchlein von 1622 wirkt wie die allerletzte Erinnerung daran, dass Eppendorf lange Zeit wirklich ein Dorf vor den Toren Hamburgs war. Dass es sich vor einem Jahrhundert innerhalb weniger Jahre zu einem trubeligen Großstadtviertel entwickelte, scheint die alte Kirche immer noch zu überraschen. Heute lassen sich die Hamburger hier gerne trauen, und so ist es nichts Ungewöhnliches, dass man beim Vorüberpaddeln links eine Hochzeitsgesellschaft beim Sektempfang im Kirchhof und rechts eine andere bei der Feier im Café Leinpfad sieht. Hinter der Brücke zieht sich der bei den Eppendorfern beliebte **Hayns Park** am Ufer entlang, zu erkennen an dem hübschen Rundtempelchen, dem Monopteros. Er ist übrig geblieben aus der Zeit, als der

Goldfisch Restaurant und Bootsverleih
Isekai 1
20249 Hamburg
Tel. (040) 57 00 96 90
Bootsverleih:
Mai–September 10–20 Uhr
ab 9 € / Stunde
Restaurant:
Mo–Sa 12–23 Uhr
So 10–23 Uhr
www.goldfisch.de

Café Isekai und Bootshaus Osterndorff
Isekai 13
20249 Hamburg
Tel. (040) 47 34 61
täglich 10–22 Uhr
ab 10 € / Stunde
www.cafe-isekai.de

Park der private Lustgarten eines Herrn Hayn war, der gerne seinen Kaffee in griechisch-antiker Umgebung mit Blick aufs Wasser genoss.

Wer möchte, folgt der Alster immer weiter gen Norden, muss in Ohlsdorf kurz aussteigen und das Boot um die Schleuse herumtragen. Zur Belohnung windet sich die Alster ab dort aber auch unbefestigt weiter, wird immer grüner – ja, und auch ein kleines bisschen wild.

Dieses Mal soll es hier aber städtisch gesittet zugehen, weshalb wir umkehren und auf der Alster zurückpaddeln zum Ausgangspunkt. Zwischen zwei Hochbahnbrücken schaut man rechts den Stiftsdamen des **Klosters St. Johannis** in den großzügigen Garten. Das Stift ist Nachfolger des Klosters Herwardeshude, das dem Stadtteil Harvestehude seinen Namen gab. Die heutigen Gebäude entstanden aber erst 1914, als das Kloster längst säkularisiert war. Seine Funktion als Versorgungseinrichtung für die unverheirateten Töchter reicher Patrizier hatte es allerdings behalten. Heute dürfen sich die Damen selbst bewerben, sobald sie die 60 erreicht haben. Nun ist man bald wieder am Ausgangspunkt angelangt. Diese kleine

Kloster St. Johannis

Runde dauert bei gemächlichem Tempo etwa eine bis anderthalb Stunden.

Sie haben noch Zeit, Lust und Kraft in den Armen? Dann schippern Sie zur Außenalster. Bevor Sie dort aber von einem ambitionierten Segler überfahren werden, biegen Sie links in den nächsten abzweigenden Wasserarm ein: den **Langen Zug.** Hier können Sie wiederum zwischen einer **kleinen und einer großen Tour** wählen: biegen Sie nämlich gleich wieder links in den Mühlenkampkanal ein und an dessen Ende links in den Goldbekkanal, so erreichen Sie nach anderthalb Stunden wieder den Ausgangspunkt. Diese **kurze Strecke** bietet gleich zwei Höhepunkte: Ungefähr in der Mitte des **Mühlenkampkanals** liegt am Ufer das **Café Canale.** Im Viertel wegen seines hausgebackenen Rhabarberkuchens und natürlich der Aussicht aufs Wasser beliebt, ist es bei Paddlern geradezu zur Institution geworden. Es verfügt nämlich über eine Glocke, die man vom Wasser aus läuten kann, um sich ebenjenen Kuchen und Kaffee gleich ins Boot reichen zu lassen. Wer also den Picknickkorb vergessen hat, findet hier eine wunderbare Stelle für die wohlverdiente Rast. Zum

Hier träumt man sich in die üppig grünen Gärten

Café Canale
Poelchaukamp 7
22301 Hamburg
Tel. (040) 27 00 101
Mo–So 10–19 Uhr
www.cafecanale.de

Wasser-„drive-through": Das Café Canale in Winterhude versorgt Paddler mit Eis und Leckereien

zweiten kleinen Höhepunkt der Tour gelangt man, wenn man vom **Goldbekkanal** aus nach rechts abbiegt. Kurz darauf findet man sich im runden **Rondeelteich** wieder. Ringsum liegen vornehme Villen mit ihren sanft zum Wasser hin abfallenden Gärten, und man selbst treibt auf einmal im Mittelpunkt dieser Pracht. Einen Moment lang darf man sich vorstellen, wie es wäre, hier zu wohnen; dann geht es links, rechts, links, links, rechts wieder zum Verleih zurück.

Auch die etwas **größere Runde** führt am Schluss zum Rondeelteich, kostet zuvor aber Osterbek- und Goldbekkanal in beinahe voller Länge aus. Zwei bis vier Stunden dauert das, je nach sportlichem Ehrgeiz und Länge der Pausen. Bei der großen Runde biegt man vom Langen Zug nicht links in den Mühlenkampkanal ein, sondern hält sich geradeaus. So gelangt man auf den **Osterbekkanal.** Dort findet man sich in einer ganz anderen Welt wieder. Die Gebäude rücken direkt ans Wasser, sodass man mitunter zwischen hohen Wänden paddelt. Dass die Häuser ursprünglich gewerblichen Zwecken dienten (und das heute teilweise auch immer noch tun), erkennt man spätestens, wenn man den Blick hebt und die ein oder andere Seilwinde an den Giebeln entdeckt. Dort, wo ein blauer Kran einen leuchtend gelben Haken über dem Wasser baumeln lässt, stand früher eine große Maschinenfabrik, die heute Kulturzentrum ist: **Kampnagel** (▸ Seite 40). Ein Stück dahinter führt links der Barmbeker Stichkanal zum Goldbekkanal. Sportliche legen einen zusätzlichen **Abstecher** ein: Wer den Osterbekkanal noch weiterpaddelt, gelangt zum Anleger des **Museums für Arbeit,** wo ein weiterer Kran grüßt. Dahinter liegt ein Kanalbecken mit teils alten Fabrikgebäuden, teils modernen Häusern. Und auf seinen letzten Metern zeigt sich dieser Kanal noch einmal von seiner grünen, ungezähmten Seite: Hier nisten Blesshühner, warten Angler auf Fang und wachsen Seerosen.

Wer direkt in den **Barmbeker Stichkanal** eingebogen ist, der gelangt geradewegs zum **Goldbekkanal.** Von dort führt wiederum ein kleiner Wasserlauf unter einer Brücke hindurch. Folgt man ihm, dann findet man sich unvermittelt mitten auf dem **Stadtparksee** wieder. Zur einen Seite liegt das Freibad, zur anderen blickt man über die große Stadtparkwiese bis hin zum Planetarium, das aus der Ferne über die Grillenden und Feiernden wacht. Unter Bootsfahrern gilt der See als beliebter Picknick- und Entspannungsplatz: Man schaut ringsum ins Weite, ist unter Menschen, aber doch unter sich – hier kann man sich getrost ein wenig treiben lassen. Nach einer Pause geht es wieder zurück zum Goldbekkanal und zwischen Kleingärten entlang bis zu seinem Ende. An diesem Ende liegt der vornehme **Rondeelteich:** der letzte Höhepunkt der Tour, bis die Boote zurückgegeben und die Beine wieder ausgestreckt werden können.

Wer übrigens die Hamburger Kanäle, Fleete, Flüsschen erkunden möchte, ohne dafür Muskelkater zu riskieren, der geht an Bord eines Alsterschiffes und lässt sich schippern. Zur Auswahl stehen die verschiedensten Routen. Und wenn man dann bequem zurückgelehnt übers Wasser schaut, kann man den Paddlern zuwinken, die vor dem Schiff zur Seite ausweichen.

Anfahrt Alsterschifffahrt
U/S-Bahnhof Jungfernstieg

ATG Alster-Touristik GmbH
Anleger Jungfernstieg
20354 Hamburg
Tel. (040) 35 74 24-0
www.alstertouristik.de

- ▶ Seele baumeln lassen
- ▶ Schöne Aussicht
- ▶ Parks/Natur
- ▶ Am Wasser
- ▶ Historische Gebäude
- ▶ Stadtteil
- ▶ Szene
- ▶ Sport/Wellness
- ▶ Mit Kindern

Anfahrt

Bus 281 ab U-Bahnhof Lattenkamp, Haltestelle Nedderfeld (Ost)
Bus 22 ab U-Bahnhof Kellinghusenstraße, Haltestelle Frickestraße

Anschluss-Tipp

Ein Besuch im Garten der Familie de l'Aigle lässt sich gut mit einem Spaziergang durch das Eppendorfer Moor verbinden (▶ Seite 36).

Alma de l'Aigle liebte Rosen

Garten der Familie de l'Aigle

Ein verwunschener Garten

Man muss schon davon wissen, sonst läuft man an einem der zauberhaftesten Orte in Eppendorf einfach vorbei. Wer aber zwischen den Häusern Lokstedter Weg 100 und 102 in einen Durchgang einbiegt, immer geradeaus geht und erst am Spielplatz einen Linksschwenk macht, der findet den **kleinen Rest eines alten Gartens.** Er ist eingebettet in die Stiftung Anscharhöhe mit ihren Parkanlagen, Wohnheimen und sozialen Einrichtungen. Im Frühling blühen auf der Obstbaumwiese Narzissen und Hasenglöckchen, im Sommer verströmen historische Rosen (Rosensorte) ihren Duft. Es ist ein idyllischer, auf altmodische Weise unaufgeregter Ort, der dazu einlädt, still auf einer Bank Platz zu nehmen und ein Buch aufzuschlagen. Oder einfach den Wolken nachzublicken. Seinen besonderen Zauber gewinnt der Garten durch die Geschichte, die mit ihm verknüpft ist.

Hundertzwanzig Jahre ist es her, dass der Jurist Friedrich Alexander de l'Aigle, des Stadtlebens müde, aufs Land zog. Land, das waren damals die Felder und Wiesen, die sich zwischen den Dörfern Eppendorf und Lokstedt erstreckten. Das ganze Gebiet lag außerhalb der Hamburger Stadtgrenzen. Die Familie mit den drei Töchtern zog auf der Suche nach dem einfachen, dem naturnahen und – in der Denkweise der Lebensreform-Bewegung – damit dem besseren Leben hierher. Vater de l'Aigle hatte auf eine halbe Stelle und damit auch auf das halbe Gehalt verzichtet; der lang gestreckte Garten diente der Familie daher auch zur Selbstversorgung. Gemüse wurde angebaut und im hinteren Teil des Gartens Obst. Allein zwanzig Sorten Birnbäume pflanzte der Vater, ein Hobby-Pomologe: Er sammelte alte Obstsorten und züchtete selbst neue.

Besonders die älteste Tochter Alma de l'Aigle (1889–1959) teilte seine Liebe für den Garten: „Ja, Gärten und Kinder sind es, um die es sich lohnt zu leben", schrieb sie einmal. Ihre besondere Leidenschaft galt den Rosen, für die sie in dem Buch

„Begegnung mit Rosen“ sogar ein eigenes Duft-Vokabular entwickelte. Wie warmer Puder in der Garderobe einer Schauspielerin dufte eine Sorte, wie Kuchenteig mit Zitronenschale und Backpulver eine andere.

Während der Nazi-Diktatur wurde der Garten des Elternhauses Almas wichtigster Rückzugsort. Denn die engagierte Erzieherin musste wegen ihrer pädagogischen Ideen und ihres sozialistischen Engagements ständig Verhaftung fürchten.

Nach ihrem Tod lag der Garten jahrzehntelang beinahe vergessen da und wäre fast als Bauland eingeebnet worden. In allerletzter Sekunde unternahmen ein paar engagierte Menschen einen Rettungsversuch. So konnte zumindest ein Viertel des ursprünglich viel größeren Gartens bewahrt werden. Man entdeckte darin alle möglichen Obst- und Rosensorten, die genau wie das Grundstück selbst in Vergessenheit geraten waren. Heute duften die Rosen wieder, und die Bäume tragen Obst, das es in keinem Supermarkt zu kaufen gibt. Im Mai verströmen Robinien ihren Duft, die noch Vater de l'Aigle gepflanzt hat: um Bienen anzulocken, die seine Apfel- und Pflaumenbäume bestäuben sollten. Es ist nicht schwer, sich vorzustellen, wie idyllisch dieses Fleckchen Erde schon vor hundert Jahren gewesen sein muss.

Alma de l'Aigle widmete dem Familiengarten sogar ein Buch. In „Ein Garten“ erinnert sie sich an das Paradies ihrer Kindheit.

Garten der Familie de l'Aigle
in der Stiftung Anscharhöhe
Tarpenbekstraße 107
(zugänglich über Lokstedter Weg)
20251 Hamburg

10 Groß Borstel

- Seele baumeln lassen
- Schöne Aussicht
- Parks/Natur
- Am Wasser
- Historische Gebäude
- Stadtteil
- Szene
- Sport/Wellness
- Mit Kindern

Anfahrt
U-Bahnhof Lattenkamp (etwa 30 Minuten Fußweg zum Moor)

Auch Kanadagans und Graugans gefällt es im Eppendorfer Moor

Eppendorfer Moor

Kleine Wildnis

Ein Urwald, den man in einer halben Stunde bequem umrunden kann? Ein Sumpfgebiet, das sich gemütlich von einer Bank aus betrachten lässt? Im Norden von Hamburg ist das möglich. Eingeklemmt zwischen großen Ausfallstraßen und Kleingartenanlagen, hat sich hier ein kleines Stückchen wildes Grün erhalten: das **Eppendorfer Moor.**

Einst war es Teil einer viel größeren Moorlandschaft in der Alsterniederung, von der heute so gut wie nichts mehr übrig ist. Eine Zeit lang wurde Torf abgebaut, später scharf geschossen – die Armee hatte hier einen Schießplatz. Ruhe kehrte erst in den 1980er-Jahren ein, als das Gebiet unter Naturschutz gestellt wurde. Trotzdem sieht das Eppendorfer Moor wilder aus, als es noch ist. Um diesen Lebensraum für sehr seltene Tiere und Pflanzen zu erhalten, muss der Mensch eingreifen und, so paradox das klingt, die Wildnis hegen: Birken roden und die Verlandung verhindern.

Nur wenige Spazierwege führen durch das Moor hindurch, um die Lebensräume nicht zu sehr zu durchschneiden. So dürfen sich Gänse, Zwergtaucher und Spechte als die eigentlichen Herren des Reviers fühlen. Die menschlichen Eindringlinge wiederum vergessen Stadt und Straße, wenn der Buntspecht durch lautes Klopfen sogar das Rauschen des Autoverkehrs übertönt. Birkenstämme liegen halb im Sumpf versunken. Moose verwandeln totes Holz in grüne Polster. Wer auf einer der Bänke Platz nimmt, kann Kanadagänse dabei beobachten, wie sie ihre Küken auf dem großen Teich spazieren führen. Schmetterlinge, von denen es hier etliche bedrohte Arten gibt, schaukeln vorbei. Um den Fleisch fressenden Sonnentau zu entdecken, der ebenfalls hier wächst, müsste man allerdings unerlaubterweise durchs Unterholz kriechen. Dann doch lieber von Weg und Bank aus den Blick schweifen lassen. Überall riecht es nach Feuchtigkeit, altem Holz und jungem Grün, und die Erinnerung an Auspuffwolken

Einblick in eine verwunschene Gartenidylle

und Asphaltgeruch versinkt allmählich im Vergessen. Erstaunlich, wie ein so winziges Stück Grün ein so starkes Gefühl von „ganz weit weg" vermitteln kann!

An das Moor schließen sich ausgedehnte Kleingartenanlagen an. Wer noch ein bisschen weiter spazieren möchte, der kann die Borsteler Chaussee überqueren und am Rosenbrook rechts in einen kleinen Weg einbiegen. Er führt direkt an der **Tarpenbek,** einem Alsterzufluss, entlang. Rechts liegen Gärten, links der kleine Wasserlauf, und man wandert im Grünen, bis der kleine Kellerbleek direkt aufs Nedderfeld und damit überraschenderweise mitten ins Gewerbegebiet führt. Das ist übrigens eine gute Gelegenheit, um in orientalischer Atmosphäre zu schwelgen: Das marokkanische Kaufhaus und Restaurant Le Marrakech (▸ Seite 134) liegt ganz in der Nähe.

Wer am Rosenbrook dagegen links abbiegt, gelangt zur **Alster** und in den wunderschönen kleinen Hayns Park (▸ Seite 29). Hier begegnet einem die Natur wieder gezähmt – aber nicht minder hübsch.

- ▶ Seele baumeln lassen
- ▶ Schöne Aussicht
- ▶ Parks/Natur
- ▶ Am Wasser
- ▶ Historische Gebäude
- ▶ Stadtteil
- ▶ Szene
- ▶ Sport/Wellness
- ▶ Mit Kindern

Anfahrt
U-Bahnhof Borgweg
Busse 6 und 25, Haltestelle Goldbekplatz
Alsterfähre: Anleger Mühlenkamp (nicht HVV)

Goldbekhaus, Goldbekufer, Kampnagel

Von Kultur zu Kultur

Wasser – Kultur – Wasser – Kultur – Wasser: Auf diese einfache Formel lässt sich ein geruhsamer Spaziergang in Winterhude bringen. Der Stadtteil grenzt nämlich nicht nur an die Alster, sondern wird mit dem Goldbek- und dem Osterbekkanal auch noch von zwei Wasserläufen durchzogen. Wer will, kann von der Innenstadt aus sogar übers Wasser „anreisen" – mit den Alsterfähren nämlich, die am Mühlenkamp anlegen.

Der **Mühlenkamp** ist das quirlige Herz von Winterhude, und er führt genau zum ersten Kulturstopp, dem Goldbekhaus. Allerdings sollte man für den Weg etwas Zeit einplanen: Viele Schaufenster und Cafés lenken von der geraden Linie ab, und an Samstagen kommt man auf den Gehwegen ohnehin nur im Bummeltempo vorwärts. Am Mühlenkamp finden sich nämlich nicht nur Winterhuder gerne zum Shoppen und Schauen ein.

(Vorbei)schauen lohnt dort auch in der **Eiszeit** – allein schon, um zu staunen, welche hochgetürmten Eistüten plus Soße plus Streusel den Laden verlassen. Fans nehmen das Schlangestehen gern in Kauf. Es braucht schließlich ein bisschen Zeit, bis das aktuelle Angebot an Eissorten begutachtet und erklärt ist. Wer weiß schon, was sich hinter rätselhaften Namen wie „Cheetas Liebling", „Lätsche" oder „Kalter Hund" verbirgt? Außerdem kommen ständig neue Sorten dazu. Hat man seine Kugel „Mit viel Liebe" auf der Waffel, geht es in wenigen Schritten zum Goldbekhaus.

Goldbekhaus
Moorfuhrtweg 9
22301 Hamburg
www.goldbekhaus.de

Das **Goldbekhaus** ist vor allem eins: ein Stadtteil- und Kulturzentrum mit prallem Veranstaltungsprogramm. In der ehemaligen Chemiefabrik stehen regelmäßig Theatergruppen und Kabarettisten auf der Bühne, in den Ateliers und Räumen treffen sich Ölmaler und Eltern-Kind-Gruppen, hier wird abgetanzt und auf einem der schönsten Hamburger Flohmärkte gefeilscht. Dann stehen im Innenhof des Goldbekhauses dicht an dicht die Tapeziertische, beladen mit Schnickschnack und so manchem Schnäppchen. Da keine Profihändler

zugelassen werden, findet man hier Winterhuder Anwohner, die das Designerkleid vom vorletzten Jahr, die einst teure Wohnzimmerlampe und natürlich so allerlei von Omas Dachboden verhökern. Nach so viel Stöbern und Staunen lädt das **Bootsmann** im Goldbekhaus zu einer Ruhepause ein. Das Café-Restaurant wird nicht nur wegen Caipi und Caffè geliebt, sondern vor allem wegen seines Biergartens direkt am Goldbekkanal. Wer Glück hat, erwischt einen der Liegestühle oder sogar den Strandkorb und lehnt sich zurück: ein kleiner Urlaub. Während man die Beine ausstreckt, paddeln auf dem Goldbekkanal Kanufahrer vorbei.

Im „Bootsmann" lockt der Blick auf den Goldbekkanal

Bootsmann
im Goldbekhaus
Moorfuhrtweg 9
22301 Hamburg
Tel. (040) 27 80 88 82
Mo–Fr 11.30–1 Uhr
Sa/So 10–1 Uhr
www.bootsmann-hh.de

Dem **Goldbekkanal** folgt auch dieser Spaziergang. Es ist lediglich die Entscheidung über das bevorzugte Ufer zu treffen. Auf der einen Seite lockt das Grün, auf der anderen dreimal in der Woche der **Goldbekmarkt.** Der ist allein schon wegen seiner Lage einen Besuch wert. Die Stände und Wagen ziehen sich direkt am Kanalufer entlang. Hinter Kürbissen und Kartoffeln blitzt immer wieder das Wasser auf, Käsewagen und Olivenstand stehen unter Bäumen.

Wochenmarkt Goldbekufer
Di, Do, Sa 8–13 Uhr

Am anderen Ufer führt ein netter kleiner **Spa-**

Auf Kampnagel wird regelmäßig zum Tanz gebeten – hier beim Sommerfestival

zierweg den Kanal entlang. Mitten in diesem quirligen Stadtteil geht es hier vergleichsweise ruhig zu. Man kann sich aussuchen, unter welcher Trauerweide man Platz nehmen möchte, um aufs Wasser zu schauen – und vielleicht ein Picknick aus Tomaten, Käse und frischem Brot vom Markt zu verzehren. Hier ziehen Enten ihre Bahnen, nur gelegentlich von Möwen aufgeschreckt, die ihnen frech ein Stück Brot abjagen. Die Schwäne lassen sich davon nicht stören und drehen erst gemächlich ab, wenn einer der Alsterdampfer auf Fleettour vorbeigleitet.

Der Pfad führt bis zur lauten Barmbeker Straße. Wenn Sie sich dort nach rechts wenden, die Brücke überqueren und nach einiger Zeit links in die Jarrestraße einbiegen, gelangen Sie zur ehemaligen Fabrik Nagel & Kaemp, heute als **Kampnagel** bekannt. Die riesigen Hallen, in denen früher Hafenkräne gebaut wurden, dienen heute der Kultur: Kampnagel gilt als das Zentrum für modernen Tanz in Hamburg. Aber damit endet das Angebot noch lange nicht: Theaterproduktionen von schrill bis schräg werden hier auf die Bühne gebracht, Performances finden ebenso statt wie die beliebten „Tanznagel“-Nächte. Auf dem Gelände

Kampnagel
Jarrestraße 20
22303 Hamburg
Tel. (040) 27 09 49-49
(Karten)
www.kampnagel.de

befindet sich außerdem das Alabama, ein beliebtes Programmkino. Lange musste Kampnagel um sein kulturelles Fortbestehen bangen, aber das ist nun durch einen langfristigen Mietvertrag gesichert.

Das hauseigene **Casino** führt eine Doppelexistenz: mittags Kantine, abends Restaurant. Der Mr. Hyde der Plastiktabletts, des schnellen und preiswerten Essens verwandelt sich abends zurück in Dr. Jekyll mit schönem Porzellan und Vorspeisenauswahl auf der Etagere. Gekocht wird international – was perfekt zu Kampnagel passt: Schließlich geben sich hier auch Künstler aus aller Welt die Klinke in die Hand.

Casino Kampnagel
Tel. (040) 27 87 74
Mo 10–17 Uhr
Di–So 10–1 Uhr
Kantinenbetrieb:
Mo–Fr 10–15 Uhr
www.casino-kampnagel.de

Wer trotz Kunst und Kulinarik in der Industriearchitektur der großen Hallen, der Betonfußböden, Stahlverstrebungen und Metalltüren das nette Eckchen zum Zurückziehen und Seele-baumeln-Lassen vermisst, der sei auf das Kampnagel-Sommerfestival vertröstet: Dann nämlich eröffnet ein kleiner Biergarten direkt am Osterbekkanal, der das Kampnagel-Gelände auf einer Seite begrenzt. Wenn einen die Festival-Fülle an Konzerten, Theaterstücken und Performances zu überwältigen droht, ist es wunderbar, sich ans Wasser zurückzuziehen und einfach ins Grüne zu schauen. Und das mitten in einem ehemaligen Industriegebiet.

Sommerfestival auf Kampnagel

- Seele baumeln lassen
- Schöne Aussicht
- Parks/Natur
- Am Wasser
- Historische Gebäude
- Stadtteil
- Szene
- Sport/Wellness
- Mit Kindern

Anfahrt
U-Bahnhöfe Borgweg, Saarlandstraße
S-Bahnhof Alte Wöhr

Planetarium Hamburg
Hindenburgstraße 1b
22303 Hamburg
Tel. (040) 428 86 52-0
Mo, Di 9–17 Uhr
Mi, Do 9–21 Uhr
Fr 9-21.30 Uhr
Sa 12–21.30 Uhr
So 10–20 Uhr
www.planetarium-hamburg.de

Im Magazin-Kino trifft man sich auch zum Plaudern

Stadtpark, Magazin-Filmkunsttheater

Sonne, See und Sterne

Ein Geheimtipp ist er nicht, der Stadtpark in Winterhude. Das merkt man vor allem im Sommer auf der großen Stadtparkwiese: Die wird dann zum Picknickplatz, zum Volleyballfeld, zur Grillzone, zur Kulisse für spontane Jamsessions. Und zwar alles gleichzeitig. Doch jenseits der Hauptwege gibt es stille Ecken im Park. Man kann im waldigen Halbschatten spazieren gehen und kaum etwas hören außer dem Wind in den Blättern und dem Gurren der Tauben.

Angelegt wurde der **Stadtpark** zwischen 1910 und 1928 – im Zuge der voranschreitenden Industrialisierung und Verstädterung waren Grünflächen knapp geworden, sodass man bewusst einen Ausgleich schuf. Auf dem Parkgelände baute man außerdem einen 78 Meter hohen Wasserturm. Schon 1930 wurde der in ein **Planetarium** umgewandelt. Bis heute kann man sich von tiefen Sesseln aus Vergangenheit und (vermutete) Zukunft unseres Universums vorführen lassen – oder einfach nur die Sternbilder des aktuellen Monats in der großen Planetariumskuppel bewundern.

Wer nicht zu den Sternen reisen möchte, sollte zumindest mit dem Aufzug in den siebten Stock des Turms fahren. Von dort aus betritt man die Aussichtsplattformen, die einen weiten Blick über den Stadtpark, über die Alster hinweg und bis zu den Kränen des Hafens bieten. Erst von hier oben erschließt sich wirklich, wie groß der Park ist – und wie waldig. Wie große, grüne Kissen liegen die Kronen der Eichen und Buchen unter einem.

Den Blick in die Gegenrichtung, über die lange Wiese bis zum Planetarium, genießt man am besten von einem Platz in **Schumachers Biergarten** direkt am **Stadtparksee.** Die Betreiber rühmen sich des „schönsten Sonnenuntergangs in Hamburg" – spektakulär versinkt der Sonnenball tatsächlich hinter Turm und Wald. Aber beim Bewundern ist man im Schumachers eben auch nie allein. Eine beschaulichere Alternative für den Tagesausklang findet sich in einer kleinen Passage gegenüber

dem U-Bahnhof Lattenkamp. Dort bietet das **Café du Passage** hausgebackenen Kuchen und Quiche, dazu Zeitungen, Zeitschriften und sogar ein paar Bücher. Wenn es dann über Kaffee und Lektüre dunkel geworden ist: Ganz in der Nähe befindet sich eins von Hamburgs schönsten Kinos. Das **Magazin** hat eine lange Tradition. Die Wohnanlage, in der es liegt, wurde 1929–31 errichtet. Verbaut hat man damals nicht nur die typischen Rotklinker, sondern auch jede Menge sozialer Utopien. Denn hier sollten Rentner und Arbeiterfamilien nicht nur wohnen können, sondern zugleich verpflegt und so im Alltag entlastet werden. Das Experiment scheiterte, der große Speisesaal blieb leer und wurde daher 1937 in ein Lichtspielhaus umgewandelt. Heute gehört das Magazin zu den kleinen, privaten Kinos, die um ihr Überleben kämpfen. Es ist zu wünschen, dass es klappt. Nicht nur, weil das Magazin ein sorgfältig ausgesuchtes Programm zeigt, sondern auch, weil es einen ganz eigenen, persönlichen Charme besitzt. Wo sonst kann man schließlich an der Kinokasse neben Eintrittskarten und Chips auch selbst gekochte Marmelade erwerben?

Der Pinguinbrunnen von August Gaul wurde 1912 im Stadtpark aufgestellt

Schumachers Biergarten
im Stadtpark
Südring 5b
22303 Hamburg
Tel. (040) 27 80 69 79
täglich ab 12 Uhr bis spät
www.schumachers-biergarten.de

Café du Passage
Lattenstieg 4
22299 Hamburg
Tel. (040) 51 50 70
täglich 9–19 Uhr
www.cafe-du-passage.de

Magazin Filmkunsttheater
Fiefstücken 8a
22299 Hamburg
Tel. (040) 511 39 20
www.magazinfilmkunst.de

- ▶ Seele baumeln lassen
- ▶ Schöne Aussicht
- ▶ Parks/Natur
- ▶ Am Wasser
- ▶ Historische Gebäude
- ▶ Stadtteil
- ▶ Szene
- ▶ Sport/Wellness
- ▶ Mit Kindern

Anfahrt
S/U-Bahnhof Ohlsdorf

Skulptur „Der Abschied" zur Rhododendronblüte

Ohlsdorfer Friedhof

Zwischen Rosen und Engeln

Der Ohlsdorfer Friedhof ist in erster Linie ein Ort für die Lebenden. Sie kommen her, um Abschied zu nehmen, sich zu erinnern, aber auch auf der Suche nach Ruhe. Besonders idyllisch wirkt der Friedhof im April und Mai, zur Zeit der **Rhododendronblüte.** Überall sind Wege und Parkabschnitte von diesen übermannshohen Büschen gesäumt, deren schlichtes Immergrün sich dann in ein Farbenmeer verwandelt.

Das fast 400 Hektar große Gelände ist der größte **Parkfriedhof** Europas. Auch wenn er bei seiner Eröffnung 1877 nur einen Bruchteil dieser Fläche umfasste – dass er mehr sein sollte als ein Begräbnisfeld, stand damals schon fest. Stattdessen wollte man einen Ort der Erholung und des Erinnerns schaffen. Um dem Park aber außerdem „Poesie" zu verleihen, legte Friedhofsdirektor Wilhelm Cordes geschwungene Wege an.

Die Faltpläne, die man am Eingang des Friedhofs bekommt, führen zielgerichtet zu Sehenswürdigkeiten und Prominentengräbern. Aber so rührend es auch ist, dass Inge Meysel immer noch frische Blumen von Verehrern bekommt und Carl Hagenbecks Grab von seinem Lieblingslöwen (in Bronze) bewacht wird: Auch kleine Details auf den Grabsteinen völlig Unbekannter gehen ans Herz. „Dem Auge fern, dem Herzen nah" steht auf einem Grabstein zu lesen; „Die Liebe höret nimmer auf", erklärt ein anderer. Ein Engel legt weinend das Gesicht in die Hände. Sonnenflecken wandern über eine bemooste Marmorplatte. Bunt blüht es auf Gräbern: Jeder kann hier seinen ganz persönlichen Lieblingsort entdecken.

Zwei besonders schöne Eckchen sollte man aber auf keinen Fall verpassen. Das eine ist der **Rosengarten,** in dem Wilhelm Cordes ein Denkmal gesetzt wurde. Um die schnauzbärtige Büste herum blüht und duftet es im Sommer verschwenderisch, wenn die historischen Rosen (Rosensorte)

ihre Knospen öffnen. Der Garten diente von Anfang an den Besuchern des Friedhofs als reiner Erholungsort. Gräber gibt es hier keine, dafür Bänke. Und viel Ruhe.

Der zweite besondere Ort im Park ist der **Garten der Frauen.** Angelegt wurde er erst vor wenigen Jahren auf die Initiative eines Vereins hin, der bedeutende Frauen vor dem Vergessen bewahren wollte. So entstand ein geschütztes „Gartenzimmer". Hierher werden die Grabsteine von Frauen gerettet, die in ihrem Leben Besonderes geleistet haben und deren Gräber nach Ablauf der Nutzungsdauer eingeebnet wurden. Wer durch das Törchen eintritt, findet einen Ort voller Lebensgeschichten. Metallene „Bücher" auf kleinen Ständern erzählen von engagierten Politikerinnen, von erfolgreichen Forscherinnen und Pädagoginnen. Es sind häufig Lebensgeschichten mit Brüchen, die hier lebendig werden. Und lebendig wirkt auch der ganze Garten: Man sieht ihm das liebevolle Bemühen der Macherinnen an, einen Platz zu schaffen, an dem man gerne verweilt. Übrigens wird hier auch beerdigt. Eine der jüngsten Grabstellen gleich am Eingang gehört Domenica, der berühmtesten Hure und späteren Sozialarbeiterin auf dem Kiez.

Ein Plätzchen zum Verweilen: im Garten der Frauen

Café Luise
Kleine Bäckerei
Erdkampsweg 12
22335 Hamburg
Tel. (040) 28 57 54 66
Mo–Fr 6.30–18 Uhr
Sa 7–16.30, So 8–16.30 Uhr
Kuchen aus der eigenen Backstube und ein helles, freundliches Ambiente. Vom Friedhof am schnellsten mit dem Rad zu erreichen: über die Alster, dann rechts in den Erdkampsweg.

- Seele baumeln lassen
- Schöne Aussicht
- Parks/Natur
- Am Wasser
- Historische Gebäude
- Stadtteil
- Szene
- Sport/Wellness
- Mit Kindern

Anfahrt
U-Bahnhof Klein Borstel

Café im Herrenhaus
Wellingsbüttler Weg 71
22391 Hamburg
Tel. (040) 970 70 980
Mi–So ab 11 Uhr
www.haus-alstertal.de

Gründe Idylle entlang des Alsterwanderwegs

Alsterwanderweg

Wo sich die Alster windet

Bevor die Alster in der Mitte der Stadt zum See wird, windet sie sich als Flüsschen durch die Hamburger Außenbezirke. Ihren eigenen Grünstreifen hat sie immer dabei: Parkanlagen im Stadtinnern, Wald und Wiesen weiter draußen. Wenn man sich also immer an den Wasserlauf hält, kann man stundenlang im Grünen durch Hamburg wandern oder Rad fahren. Wer allerdings nur einen geruhsamen Spaziergang vorhat, pickt sich einfach die Rosinen aus der Gesamtstrecke des **Alsterwanderwegs** und beginnt eine ungefähr zweistündige Tour am U-Bahnhof Klein Borstel.

Anders als zum Stadtzentrum hin, wo sie kanalisiert ist, fließt die Alster hier noch frei und ungezähmt in vielen Kurven durch die Landschaft. Diesen Kurven folgt der Weg getreulich. Zugewachsen sind die Flussufer, mancher Baum neigt sich gefährlich schräg in Richtung Wasser. Enten und Blesshühner müssen sich das nasse Revier allerdings mit vielen Kanufahrern teilen, die den Fluss bei gutem Wetter bevölkern. Auch auf den Wegen ist man selten allein; viele Hamburger wissen die Schönheit dieses Eckchens zu schätzen. Das Ganz-weit-draußen-Gefühl stellt sich trotzdem schnell ein, wenn man ein paar Minuten auf federndem Waldboden unter Buchen gelaufen ist.

Der größte Teil dieses Spaziergangs liegt schon hinter einem, wenn plötzlich rechter Hand ein weißes und durchaus herrschaftliches Gebäude zwischen den Bäumen hervorblitzt. Zeit für einen kleinen Abstecher zum **Herrenhaus Wellingsbüttel.** Der weiße Bau ist über 250 Jahre alt, wurde allerdings 1888 umgebaut. Das Gut Wellingsbüttel dagegen blickt auf eine viel längere und bewegtere Geschichte zurück, in deren Verlauf es mal zu Schweden, mal zu Dänemark gehörte, vererbt und verkauft wurde. Im 19. Jahrhundert schuf es den würdigen Rahmen für die Jagd- und Lustpartien einer reichen Hamburger Holzgroßhändlerfamilie. Heute befinden sich im Gutshaus Seniorenwohnungen mit Alsterblick und – für uns

Spaziergänger weitaus interessanter – ein Café. Innen sitzt man feudal unter Stuckdecken und Kronleuchtern, außen im Grünen. Wunderbar, um sich mit Torte zu stärken – für den (einstweiligen) kulturellen Höhepunkt des Spaziergangs beispielsweise, das gegenüberliegende **Torhaus.** Das bäuerliche Fachwerkgebäude beherbergt zum einen das Alstertalmuseum, das Einblicke in das Leben und Arbeiten im Alstertal gibt. Zum anderen wird es als Kulturzentrum genutzt.

Zurück zur Natur und dem Ende des Spaziergangs entgegen, das mit der **Poppenbütteler Schleuse** erreicht ist. Auf der Terrasse des „The Locks" im reetgedeckten ehemaligen Schleusenmeisterhaus sitzt man gemütlich, während im Hintergrund das Wasser rauscht. Fast nebenan haben Sie übrigens noch einmal die Gelegenheit, Kultur zu erleben: In der **Poppenbüttler Marktkirche** findet im Sommer die traditionsreiche Konzertreihe der Alsterwanderweg-Konzerte statt.

Der Heimweg führt schließlich über die Straßen Saseler Damm und Heegbarg direkt zum S-Bahnhof Poppenbüttel.

Seitenflügel des Torhauses Wellingsbüttel

Museum Alstertal
im Torhaus Wellingsbüttel
Wellingsbüttler Weg 75a
22391 Hamburg
Tel. (040) 536 66 79
Sa/So 11–13 und 15–17 Uhr
Eintritt frei
www.alstertal-museum.de

Restaurant The Locks
an der Poppenbüttler Schleuse
Marienhof 6
22399 Hamburg
Tel. (040) 61 16 60-0
Mo–Sa 12–1 Uhr
So 11–1 Uhr
(Küche bis 23 Uhr)
www.the-locks.de

15
Volksdorf

- Seele baumeln lassen
- Schöne Aussicht
- Parks/Natur
- Am Wasser
- Historische Gebäude
- Stadtteil
- Szene
- Sport/Wellness
- Mit Kindern

Anfahrt
U-Bahnhof Volksdorf

Museumsdorf Volksdorf
Im alten Dorfe 46–48
22359 Hamburg
Tel. (040) 603 90 98
Gelände frei zugänglich
Di–So 9–17 Uhr
Besichtigung der Häuser nur mit Führung:
April bis Oktober
Fr/Sa/So 15 Uhr
November bis März
So 15 Uhr
www.museumsdorf-volksdorf.de

Auch Lämmchen gehörten im Frühjahr zum Hofalltag

Museumsdorf Volksdorf

Aus einer anderen Zeit

Wie eine Reise in die Vergangenheit: In einem kleinen norddeutschen Dorf stehen reetgedeckte Bauernhäuser, eine Schmiede, eine Mühle und eine Scheune wie vor hundert Jahren nebeneinander. In den Gärten wachsen Kohl und Johannisbeeren. Hühner scharren auf den Wegen, gelegentlich stolziert ein farbenprächtiger Hahn vorbei. Um diesen Zeitsprung in die Vergangenheit zu machen, genügt es in Hamburg, die U-Bahn zu besteigen und nach Volksdorf zu fahren. Denn in der Mitte dieses Stadtteils liegt das **Museumsdorf,** eine kleine historische Siedlung, durch die man tagsüber ungehindert spazieren kann. Drei der Häuser gehören tatsächlich zum alten Kern von Volksdorf. Der Stadtteil war bis zur Verkehrsanbindung an Hamburg durch die 1918 eröffnete Walddörferbahn ein bäuerliches Nest gewesen. Erst danach siedelten sich hier zunehmend wohlhabende Städter an, die zurück zur Natur und raus ins Grüne wollten. Von der dörflichen Vergangenheit ist nicht viel geblieben – bis auf dieses sorgsam gehütete Restchen von ein paar Häusern. Die übrigen Gebäude stammen aus der Umgebung, wurden dort abgebrochen und an dieser Stelle wieder aufgebaut. Alles zusammen erweckt wirklich den Eindruck eines winzigen Dorfes, wie es sie vor hundert, hundertfünfzig Jahren zuhauf gegeben hat. Mit Leben erfüllt wird das Dorf durch die tierischen Statisten: Schafe und Schweine, Gänse und Hühner. Auf einer Weide stehen zwei Kaltblutpferde und bemühen sich, so zu gucken, als hätten sie nach harter Feldarbeit eine Belohnung verdient.

Ruhig ist es hier. Nur zu gelegentlichen „Gewerketagen" lässt der Museumsverein das Schmiedefeuer anheizen und setzt das Göpelwerk der Mühle in Bewegung. Dann bekommt man einen Eindruck davon, von welch harter Arbeit das Leben damals geprägt war. Oder man macht eine Führung mit, um einen Blick in die Gebäude zu werfen. Dabei erfährt man, wie das Frühstück vor

Heuernte wie in früheren Zeiten – nachgestellt im Museumsdorf

hundertfünfzig Jahren aussah, warum die Bauern gerne Eulen im Haus hatten und welche Schlafordnung in den Alkovenbetten herrschte. In dem Wissen, jederzeit zu den Annehmlichkeiten unseres modernen Lebens zurückkehren zu können, ist es aber auch durchaus erlaubt, sich auf eine Bank zu setzen, den Stockrosen beim Wachsen und den Mauerseglern bei ihren Gleitflügen zuzusehen und das Museumsdorf idyllisch zu finden.

Wer noch nicht so abrupt aus der nostalgischen Stimmung gerissen werden möchte, kann gleich nebenan im **Dorfkrug** einkehren. Der sieht zwar mit seinem Reetdach ebenfalls museumswürdig aus (und ist tatsächlich über 200 Jahre alt), aber zum Glück beschränkt sich das Angebot nicht auf historisch korrekte Buchweizengrütze. Auf der Karte schmiegen sich norddeutsches Lamm an Tempura und Tapas an Spargel. Ungewöhnlicher als das sind die hausgemachten Pralinen, die zum Kaffee bestellt werden können. In Kuchen schwelgen kann man auch ein paar Schritte weiter die Straße hinauf im **Wiener Kaffeehaus.** Natürlich gibt es neben Linzer Apfelkuchen und allerlei Sahnigem auch feine Strudel. Damit ist man vollends wieder im Hier und Jetzt gelandet – und genießt das süße Leben.

Dorfkrug Volksdorf
Im alten Dorfe 44
22359 Hamburg
Tel. (040) 603 92 94
Di–Fr ab 17 Uhr
Sa/So ab 12 Uhr
www.dorfkrug-volksdorf.de

Wiener Kaffeehaus
Wiesenhöfen 7
22359 Hamburg
Tel. (040) 603 25 58
Mo–Fr 9–18 Uhr
Sa/So 10–18 Uhr
www.kaffeehaus-hh-volksdorf.de

16
Bergstedt

- ▶ Seele baumeln lassen
- ▶ Schöne Aussicht
- ▶ Parks/Natur
- ▶ Am Wasser
- ▶ Historische Gebäude
- ▶ Stadtteil
- ▶ Szene
- ▶ Sport/Wellness
- ▶ Mit Kindern

Anfahrt
Bus 174 ab U-Bahn Volksdorf, Haltestelle Bergstedt Markt

Heute wird in der Alten Mühle nur noch gespeist

Es klappert die Mühle

Manchmal überfällt ja auch den überzeugtesten Großstadtbewohner die Sehnsucht nach dem Land. Dann hilft es, nach **Bergstedt** hinauszufahren. Fast ganz am nördlichen Stadtrand von Hamburg liegt dieses Dorf, und es wirkt immer noch bäuerlich mit seinen breiten, behäbigen Hofgebäuden und seiner gedrungenen Kirche mit dem Fachwerkturm. Nur die Bundesstraße, die das Dorf durchschneidet, stört ein wenig das Idyll. Zum Glück lässt sich jenseits davon eine durchaus beschauliche Landpartie unternehmen. Sie startet bei der **Dorfkirche,** deren älteste Teile bereits aus dem Jahr 1200 stammen. Wer das Glück hat, sie unverschlossen zu finden, darf im Inneren eine barocke Kanzel und mittelalterliche Wandmalereien bewundern – vor allem aber eine reich bemalte Balkendecke. Dass man in Bergstedt gerne am Althergebrachten festhält, zeigt sich auch daran, dass die Kirche nach wie vor lediglich und ganz romantisch von Kerzen beleuchtet wird (nur dem Pfarrer gönnt man im Chor elektrisches Licht). Kein Wunder, dass sie als Hochzeitskirche sehr beliebt ist.

Von der Kirche aus gelangt man in wenigen Schritten über den Wohldorfer Damm zum **Bergstedter Markt,** einem dreieckigen Platz. Im Frühling steht man hier vor einer weiß-gelb-violett getupften Krokuswiese. Um dieses alte Dorfzentrum herum lagen ursprünglich kreisförmig die Höfe. Das größte Gebäude am Markt, der **Siemerssche Hof,** wendet sich allerdings davon ab; der Eingang liegt zur anderen Seite. Durch die große doppelflüglige Tür betritt man heute eine Galerie mit Café. Ein nettes Stündchen kann man hier verbringen, ein paar Bilder betrachten und bei schönem Wetter sogar im Hof Kaffee trinken, Katzenkopfpflaster unter den Füßen.

Zurück auf dem Bergstedter Markt, folgt man dem Weg, der von der spitzen Dreiecksseite aus ins Grüne führt. Immer an Pferdekoppeln geht es entlang, bis man zum malerischsten Fleckchen von Bergstedt gelangt: der **Alten Mühle.** Eine

alte Fachwerkkate ist das Erste, was einem ins Auge fällt, dann spaziert man auf einen kleinen kopfsteingepflasterten Platz mit der Mühle auf der einen und dem Mühlenteich auf der anderen Seite. In dem gelben Mühlengebäude bewirteten die Müller schon gegen Ende des 19. Jahrhunderts die Bauern, die darauf warteten, dass ihr Korn gemahlen wurde. Mehlstaub und Kornsäcke gehören der Vergangenheit an, aber man hört das Wasser der Saselbek immer noch durch die Mühle rauschen. Allerdings treibt sie heute ganz profan eine Turbine an, die das Mühlen-Restaurant mit Strom versorgt. Ansonsten ist vom Mühlenbetrieb nur noch die „Forelle Müllerin" auf der Karte des Restaurants übrig geblieben. Dort sitzt man beschaulich im Schatten großer Kastanien auf der Terrasse und schaut direkt über den Mühlenteich. Gelegentlich schwirrt eine Libelle übers Wasser, ansonsten ist es still. Und sehr, sehr ländlich. Genau das, was man sich als Stadtflüchter erträumt.

Wer noch weiter im Grünen wandern möchte, der findet Richtung Norden das **Naturschutzgebiet Rodenbeker Quellental.** Mehrere Bachläufe durchziehen das Gebiet, in dem man uralte Bäume mit knorrigen Stämmen und – mit etwas Glück – sogar Eisvögel sehen kann.

Der Weg zur Alten Mühle führt an einer Pferdekoppel vorbei

Galerie-Café Siemersscher Hof
Bergstedter Markt 1
22395 Hamburg
Tel. (040) 60 67 91 40
Di–Fr 12–17 Uhr (nur bei Ausstellungen)
So 12–18 Uhr
www.siemersscher-hof.com

Alte Mühle
Alte Mühle 34
22395 Hamburg
Tel. (040) 604 91 71
www.alte-muehle-hamburg.de

17 Ahrensburg

- Seele baumeln lassen
- Schöne Aussicht
- Parks/Natur
- Am Wasser
- Historische Gebäude
- Stadtteil
- Szene
- Sport/Wellness
- Mit Kindern

Anfahrt
U-Bahnhof Buchenkamp

Gut Wulfsdorf, Bredenbeker Teich

Landlust schnuppern

Wann haben Sie zum letzten Mal ein Kälbchen gesehen? Oder ein rosa Schwein dabei beobachtet, wie es sich behaglich grunzend einferkelt? Wer sich schon als Kind am liebsten nach Bullerbü oder Lönneberga geträumt hat, der kann nur ein paar Schritte über die Hamburger Stadtgrenzen hinweg genüsslich ins Landleben eintauchen. Zwischen Volksdorf und Ahrensburg liegt das Hamburger **Staatsgut Wulfsdorf** inmitten einer leicht hügeligen Landschaft, die dem Auge wohl tut. Hecken und Wäldchen wechseln sich mit Wiesen und Feldern ab. In kleinen Teichen quaken sich Frösche um Kopf und Kragen, denn nicht selten ist gerade ein Reiher oder sogar Storch in der Nähe. Die Szenerie könnte einem Bauernhof-Bilderbuch entstammen.

Wer die Einfahrt zum Gut Wulfsdorf hinaufläuft, findet sich schnell in einer Art Dorf wieder. Ställe und Scheunen, Wohnhäuser und Hofladen, Holzofenbäckerei, Treckergarage und dazu etliche Zirkuswagen: Die teils alten, teils neuen Gebäude gruppieren sich um mehrere kleine Plätze herum – wieder kommt einem unwillkürlich Bullerbü in

Vor dem Hofladen-Café

den Sinn. Trotz des Bilderbuchidylls: Man merkt, dass hier Menschen wohnen – und arbeiten. Und die Hamburger, die zum Besuch des Hofladens herkommen, sind eingeladen, sich bei der Gelegenheit einen funktionierenden landwirtschaftlichen Betrieb anzusehen: Da schauen Kälber mit großen Augen in die Welt. Ferkel klettern quiekend über die Muttersau, die ergeben auf der Seite liegt. Man sieht einem Bullen in die Augen, dann auf die Hörner und ist plötzlich froh, dass doch noch ein Gitter dazwischen ist. Schafe, Hühner, Ziegen und Pferde – alles da, was zu einem Bauernhof gehört. Und natürlich riecht es nach Land: nach Erde, nach Dung, aber auch nach frisch gebackenem Brot aus der Holzofenbackstube.

Anders als im Bilderbuch wird hier allerdings der Zusammenhang zwischen der Kuh auf der Weide und dem Steak auf dem Teller nicht verschleiert. Der große **Hofladen** bietet auch das Fleisch aus eigener Schlachtung und Milchprodukte von den eigenen Kühen an. Vor allem aber gibt es im angeschlossenen Café Kaffee und Kuchen, die man sich unter freiem Himmel zwischen Petersilienbeet und einem großen Findling schmecken lassen kann. Mit etwas Wetterglück sitzt man dort in der Sonne, hört auf der einen Seite die Bäume rauschen und auf der anderen

Gut Wulfsdorf
Bornkampsweg 39
22926 Ahrensburg
Tel. (0 41 02) 3 25 87
(Hofladen und Café)
Öffnungszeiten Hofladen und Café:
Mo–Fr 9–18.30 Uhr
Sa 8–16 Uhr
(Café bis 16.30 Uhr)
www.gutwulfsdorf.de

die Schweine (und die Kinder) quieken und kann sich für eine entspannte Stunde einbilden, dass die Uhren hier tatsächlich langsamer gehen.

Gut Wulfsdorf gehört zu den Hamburger Staatsgütern. Inzwischen haben sich um den Hof herum etliche Sozial- und Wohnprojekte angesiedelt, die der Verheißung des ländlichen Idylls gefolgt sind. Eine kleine Kostprobe vom Landleben darf aber jeder probieren, auch wenn er nicht gleich ins Grüne zieht: Bei den regelmäßigen Aktionstagen und Hoffesten wird zum Schauen und Mitmachen aufgefordert. Büromenschen treiben dann begeistert Kühe von der Weide in den Stall, buddeln Kartoffeln aus oder versuchen sich darin, in möglichst elegantem Schwung Getreide auf den Acker zu säen. Dass es auf dem Land allerdings keineswegs immer besonders idyllisch zuging, zeigt ein Blick in die Geschichte von Wulfsdorf. Im 16. und 17. Jahrhundert litten die Bewohner von Gut und Dorf nicht nur unter Krieg und Hunger, sondern auch unter der Willkürherrschaft ihrer Herren, der Familie Rantzau. Nachdem die Dörfler es gewagt hatten, sich in ihrer Not an den König höchstselbst zu wenden, wurden sie von ihrem Grund und Boden vertrieben und zwangsumge-

Auf Gut Wulfsdorf wird das Brot noch frisch gebacken – im traditionellen Steinofen

siedelt. In den folgenden Jahrhunderten wechseln Besitzer und Nutzungsarten, bis das Gut Anfang des 20. Jahrhunderts von der Stadt Hamburg erworben wird – zunächst zur Heimunterbringung für Jugendliche, die dort die heilsame Wirkung harter Arbeit erfahren sollen. Bis in die 1970er-Jahre sind Heimzöglinge auf Gut Wulfsdorf beschäftigt. Seit 1989 wird das Gut ökologisch bewirtschaftet, ein Hofverkauf kommt schnell hinzu. Inzwischen kennen die Hamburger die Wulfsdorfer Marktstände von etlichen Wochenmärkten.

Wer nach so viel Bauernhof noch ein bisschen pure Natur erleben möchte, der braucht nicht weit zu laufen. Gleich nebenan hat in dem gründerzeitlichen Herrenhaus des Guts der Verein Jordsand ein **Haus der Natur** mit Informationszentrum eingerichtet. Es liegt mitten in dem Gutspark mit seinem alten Baumbestand und einem großen Teich. Erkunden kann man beides auf einem Naturerlebnispfad.

Haus der Natur Wulfsdorf
Verein Jordsand
Bornkampsweg 35
22926 Ahrensburg
Tel. (0 41 02) 326 56
Mo–So 10–17 Uhr
www.jordsand.de

Um einen längeren Spaziergang anzuschließen, schlägt man den Wulfsdorfer Weg in Richtung Norden ein und gelangt nach kurzer Zeit an das Ufer des **Bredenbeker Teichs.** Im 16. Jahrhundert wurde das Gewässer zur Fischzucht angelegt, und Karpfen, Hecht und Forelle tummeln sich auch immer noch darin. Belebt wird der See außerdem von Badenden, wenn das **Strandbad** am Nordufer während der Sommermonate seine Pforten öffnet. Ein schönes Plätzchen, um sich in Sonne und Wasser zu aalen: Die bewaldeten Teichufer, das saubere Wasser und die schiere Größe der Wasserfläche sorgen auch bei Andrang dafür, dass erholsame Stimmung aufkommt. Eine Insel im Teich vergrößert die Fläche des Strandbads zusätzlich.

Aber auch wer nur um den Bredenbeker Teich herumspaziert, kommt auf seine Kosten. Da das Gelände an einigen Stellen recht hügelig ist, bieten sich immer wieder schöne Blicke auf Wasser und Wald. Vom Strandbad aus führt ein Weg auf die Straße Am Golfplatz. Wer ihr geradeaus folgt, gelangt direkt zur U-Bahn-Station Ahrensburg-West und kann sich nach einem langen Spaziergang verdientermaßen in die Polster einer Bahn sinken lassen.

Strandbad Bredenbeker Teich
Wulfsdorfer Weg
22949 Ammersbek
Im Sommer
Mo–So 10–19 Uhr
Eintritt 2,50 €,
ermäßigt 1,30 €
www.camping-bredenbeker-teich.de/strandbad.html

18

St. Georg

- Seele baumeln lassen
- Schöne Aussicht
- Parks/Natur
- **Am Wasser**
- **Historische Gebäude**
- **Stadtteil**
- **Szene**
- Sport/Wellness
- Mit Kindern

Anfahrt
S/U Hauptbahnhof

Sehen und gesehen werden auf der Langen Reihe

Rund um die Lange Reihe, Koppel 66

Das Stille im Schrillen

Manchmal verbergen sich stille Winkel dort, wo man sie am wenigsten vermuten würde. In St. Georg zum Beispiel. Die Straßen zwischen Hauptbahnhof und Alster sind eigentlich für ihre krassen Gegensätze bekannt: Rotlichtbezirk auf der einen, Latte-Macchiato-Szene auf der anderen Seite, hier Schwulentreffs, da Moscheevereine. Doch ausgerechnet da, wo die Kontraste am härtesten aufeinanderprallen, soll bald ein städtebauliches Schmuckstück wiederauferstehen: Derzeit wird der **Hansaplatz** noch umgebaut. Manchen gilt er trotzdem und immer noch als der schönste Platz Hamburgs: weit, symmetrisch, mit gründerzeitlichen Fassaden an zwei Seiten. In der Mitte ragt zwischen Bäumen ein Brunnen empor, auf dem die allegorische Verkörperung der Hanse thront. Wenn er wieder sprudelt, wenn endlich alle Pflastersteine an ihrem Platz und die Bänke aufgestellt sind, dann ... Aber bis Ende 2011 bleibt der Hansaplatz noch ein lauschiger Ort in spe.

Zurück zur **Langen Reihe,** der Hauptschlagader des lebendigen St. Georg. Hierher kommen asiatische Großfamilien, um sich mit ihrem Wochenbedarf an Reis einzudecken, und Kaschmirmantelträger, die sich im Sternerestaurant Sgroi italienische Küche der feinen Art gönnen. Männer in schwarzem Leder begrüßen sich gegenseitig mit Küsschen und bestellen Galão – Milchkaffee – in einem der vielen portugiesischen Cafés. Dazwischen fluchen Autofahrer, die im Stop-and-Go-Verkehr ihrem Innenstadtziel nur schrittweise näherkommen. Aber nicht zu sehr ablenken lassen von dem Schauspiel auf der Straße! Und auch die Betrachtung der Fassadenlandschaft, einem Nebeneinander von barockem Fachwerk, Gründerzeit und Jugendstil, sollte nicht die ganze Aufmerksamkeit beanspruchen. Allzu leicht übersieht man nämlich den Durchgang zwischen den Häusern Lange Reihe 85 und 87. Mit zwei Schritten hat man das quirlige Straßenleben hinter sich gelassen und steht in einem winzigen Gässchen, an

Auf der Koppel gibt es idyllische Hinterhöfe zu entdecken: hier im lauschigen Garten der Nummer 69

einer Seite begrenzt von roten Backsteinfassaden. Vor den grün gestrichenen Türen und Fenstern blüht es in Kübeln und Blumenkästen. Hier bekommt man eine Ahnung der anderen, der stillen Seite von St. Georg.

Der Durchgang führt auf die Parallelstraße **Koppel,** wo man alsbald vor einem repräsentativen Gründerzeitgebäude aus Gelbklinker steht. Das **August-Heerlein-Stift** mit der Adresse Koppel 17 wurde 1893 gebaut, als Wohnstift für „hiesige unbemittelte christliche Witwen und Jungfrauen aus den gebildeten Gesellschaftsschichten". Wenn man durch das Torhaus tritt, findet man sich unversehens in einer kleinen Gartenanlage mit Rosensträuchern in der Mitte wieder. In den Gebäuden ringsum befinden sich heute noch Seniorenwohnungen beziehungsweise ein Pflegeheim. Still ist es hier, und man hört Vögel statt Verkehrslärm. Der ein oder andere Stiftsbewohner rutscht auf seiner Bank gern zur Seite, um einen kleinen Klönschnack zu halten. Ein Schildchen weist übrigens auf den Migrationshintergrund eines der mächtigen Bäume hin: Als Eichel kam er im 19. Jahrhundert aus dem Schwarzwald in die Hanse-

Koppel 66
Haus für Kunst
& Handwerk
Koppel 66/Lange Reihe 75
20099 Hamburg
Tel. (040) 43 27 09 34
Café Koppel (040) 24 92 35
Öffnungszeiten Café:
Mo–So 10–23 Uhr
www.koppel66.de

stadt, transportiert von Weinhändler August Heerlein, dessen Witwe und Tochter das weitläufige Stift gründeten.

Nur wenige Schritte weiter gelangt man zur Adresse **Koppel 66** – gleichzeitig der Name, unter dem das „Haus für Kunst und Handwerk" bekannt ist. Dic ehemalige Maschinenfabrik wurde 1980–81 umgebaut und bietet jetzt Künstlern und Kunsthandwerkern Ateliers und Läden. Beim Eintreten findet man sich in einem hohen, hellen Raum mit umlaufenden Galerien wieder. Das verglaste Dach lässt Licht in alle Etagen fallen. In der Luft liegt der Geruch nach frischer Farbe und Holzstaub, je nachdem, vor welchem Atelier man gerade steht. Wo früher Arbeiter an Maschinen schraubten, sieht man nun Schneiderinnen, Buchbindern oder Goldschmieden bei ihrer Arbeit zu. Zum Kummer der ansässigen Künstler und Handwerker liegt der eigentliche Anziehungspunkt des Hauses jedoch im Erdgeschoss: Nur allzu gern lassen sich Besucher im (vegetarischen) Café in die Polster eines Sofas sinken und vergessen bei Kuchen und Quiche den eigentlichen Zweck ihres Kommens. Ganz fatal ist es, wenn im Sommer

Schuhe nach Maß in der Koppel 66

Stühle und Tische im grünen Innenhof stehen und Biergartenstimmung verströmen. So mancher Gast, so wird gemunkelt, hat es dann gar nicht bis ins Gebäude geschafft. Was schade ist – Hineinschauen lohnt sich!

Kunstatelier in der Koppel 66

Ganz in der Nähe der Koppel 66 gibt es zwei weitere schöne Cafés. Im **Café Uhrlaub** kann man eine skurrile Sammlung alter Tischuhren bewundern. Im **Café Gnosa** braucht es dagegen manchmal schon etwas Zeit, um überhaupt einen Platz zu ergattern. Das schwul-lesbische Kaffeehaus wird auch von einem breiten Heteropublikum geschätzt. Das liegt nicht nur an dem Glamour-Plüsch des Innendesigns, sondern vor allem an den geradezu dekadent leckeren Produkten der eigenen Konditorei. Die Birnenrahmtorte genießt schon beinahe Kultstatus, dicht gefolgt von Schokosahne ... Blaubeerquark ... Stopp. Nur gut, dass alle auch außer Haus verkauft werden, im schicken Henkelkartönchen. Und die Alster ist in St. Georg schließlich nicht weit: ein kleiner Spaziergang, und schon kann man sich das süße Leben auf einer Parkbank schmecken lassen. Zur Not mit den Fingern.

Café Uhrlaub
Lange Reihe 63
20099 Hamburg
Tel. (040) 280 26 24
Mo–So 8–2 Uhr
www.cafeuhrlaub.de

Café Gnosa
Lange Reihe 93
20099 Hamburg
Tel. (040) 24 30 34
Mo–So 10–1 Uhr
www.gnosa.de

19

Eilbek

- Seele baumeln lassen
- Schöne Aussicht
- Parks/Natur
- Am Wasser
- Historische Gebäude
- Stadtteil
- Szene
- Sport/Wellness
- Mit Kindern

Anfahrt
U-Bahnhof Uhlandstraße

Eilbekkanal

Immer dem Wasser nach

Dass man immer an der Alster entlang von der Hamburger Innenstadt ins Grüne wandern kann, das wissen die meisten (▸ Seite 46) . Viel weniger bekannt ist, dass es noch ein zweites Flüsschen gibt, das diese Möglichkeit bietet: die Wandse (die an ihrer Mündung in die Außenalster noch Mundsburger Kanal, später Eilbekkanal und Eilbek heißt). Lauter lauschige Perlen finden sich hier wie auf einer Kette aneinandergereiht. Sie lassen sich entweder in einem sehr ausgedehnten Spaziergang von drei bis vier Stunden ablaufen oder mit dem Fahrrad gemütlich abfahren.

Als **Mundsburger Kana**l mündet die Wandse in die Außenalster, und ab hier kann man ihr in Richtung Quelle folgen. Es sei denn, man lässt sich gleich nach den ersten hundert Metern dazu verführen, auf der Terrasse des **Anleger 1870** Platz zu nehmen. Das Restaurant hat sich in den Kasematten der Mundsburger Brücke einquartiert – angesichts des Verkehrs, der über diese Brücke braust, nicht eben ein ruhiges Plätzchen. Aber unten am Wasser lässt sich beschaulich dem Kom-

Blühende Forsythien am Eilbekkanal

men und Gehen der Menschen zusehen. Gelegentlich kommt ein Schiff der Alsterflotte vorbei und legt gegenüber an. Die Kissen auf der Treppe erlauben es, den Aussichtspunkt ganz nach Belieben zu wählen. Nah am Wasser? Oder doch höher, mit besserem Überblick?

Wer der Versuchung einer Pause vor Beginn des Spaziergangs erfolgreich widersteht, darf sich nur wenige Schritte weiter über einen der malerischsten Anblicke in Hamburg freuen. Dort, wo sich der Eilbekkanal zum **Kuhmühlenteich** weitet, ragt gleich am Ufer die schlanke **Kirche St. Gertrud** in den Himmel. Vor dem Backsteinbau von 1881–85 lassen Trauerweiden ihre Zweige ins Wasser hängen, in dem sich der Himmel blau spiegelt: eine Komposition von Rot, Grün und Blau, dazu die weißen Schwäne. Schwer, sich von dem Anblick loszureißen! Aber der nächste visuelle Leckerbissen ist nicht weit. Auf der anderen Straßenseite, an der Ecke Lerchenfeld/Uferstraße, liegt das große Fritz-Schumacher-Gebäude der **Hochschule für Bildende Künste,** und gleich in der Eingangshalle befindet sich ein wunderbares Jugendstilkunstwerk: fünf hohe, schmale Fenster, gestaltet 1913 von dem Wiener Künstler Carl Otto Czeschka. Sie geben den Studierenden der dama-

Anleger 1870
Hartwicusstraße 7
22087 Hamburg
Tel. (040) 41 34 69 91
1. April bis 30. September:
Mo–So ab 10 Uhr
1. Oktober bis 31. März:
Mo–Fr ab 17 Uhr
Sa ab 12 Uhr, So ab 10 Uhr
www.anleger1870.de

ligen Kunstgewerbeschule den Auftrag, Schönheit in die Welt zu tragen. Zumindest bei diesem Fenster ist der Anspruch eingelöst.

Weiter geht es am Wasser entlang in Richtung Nordosten. Selbst wenn die Ufer des Flüsschens hier immer noch von Mauern eingefasst sind und der Spaziergang nach wie vor durch städtische Bebauung führt: Lauschig ist es hier allemal. Alle paar Schritte schwingen sich hübsche Brücken übers Wasser. An anderen Stellen berührt das Ufergrün fast die Wasseroberfläche – oder im Frühjahr das Ufergelb der Forsythien. Fast immer führt der Weg unter Bäumen entlang, und das Bild der Umgebung wechselt ständig. Hinter der Brücke Richardstraße darf man ein Idyll zumindest von außen betrachten (und sich hineinträumen): Hier liegen die ersten **Hausboote** einer geplanten Siedlung fest: kühne Kuben, schwimmende Holzbungalows, Traumhäuser mit Bullaugen und großen Terrassen. Über ihnen wachsen Trauerweiden, und aus den Fenstern schauen die Bewohner direkt aufs Wasser.

Hausboote am Eilbekkanal

Bald darauf führt der Weg durch den **Park des Krankenhauses Eilbek** – einer der schönsten Plätze, um sich auf eine Bank zu setzen und in die Kronen der teilweise uralten, riesigen Bäume zu schauen. Wer hier genug hat vom Wandern, der kann direkt an der Haltestelle Friedrichsberg in die S-Bahn einsteigen. Aber einen Blick auf den nahe gelegenen **Mühlenteich** sollten Sie trotzdem noch werfen: Vor allem an Wochenenden fahren hier Containerfrachter und Luxusyachten, Fischkutter und Kreuzfahrtschiffe einträchtig kreuz und quer über die Wellen, misstrauisch beäugt von Enten und Blesshühnern. Dabei ist keines der Boote länger als einen halben Meter, und die Kapitäne stehen allesamt am Ufer – Mitglieder eines Schiffsmodellvereins, der hier regelmäßig die Modelle wassert.

Langsam wird der Grünstreifen am Flüsschen breiter, bis er in den **Eichtalpark** übergeht. Hier vergisst man schon beinahe, dass man sich immer noch in der Stadt befindet: Ruhig ist es, die Bäume wachsen dichter und höher. Es dürfte kaum überraschen, dass viele davon Eichen sind: Ursprünglich bildeten sie hier einen Nutzwald, denn ihre Rinde wurde in einer Wassermühle zur Eichenlohe gemahlen. Sie fand in Wandsbeker Lederfabriken Verwendung. Heute dient der Park nur noch der Erholung. Die Wandse (jetzt heißt sie tatsächlich so!) treibt keine Mühlen mehr an, sondern schlängelt sich gemächlich durchs Gelände, um sich gelegentlich zu einem Teich zu erweitern. In diesem ohnehin schon beschaulichen Park findet sich als besondere Oase der **Botanische Sondergarten,** ein ehemaliger Schulgarten. Bequeme Liegestühle warten darauf, dass man Platz nimmt und den Anblick der bunten Beete und exotischen Bäume genießt.

Blumenpracht im Eichtalpark

Ein paar Schritte weiter kann man einen Blick auf das vermutlich idyllischste Studentenwohnheim Hamburgs werfen: In einem **Fachwerk-Mühlengebäude** aus dem frühen 19. Jahrhundert wohnen heute Studierende direkt über der rauschenden Wandse. Der Wanderweg allerdings biegt vorher ab und führt über eine Brücke hinweg zur Straße Ölmühlenweg und auf der anderen Straßenseite weiter. Mitten durch eine idyllische Kleingartensiedlung geht es. Auch hier gibt es noch einmal die Gelegenheit, den Spaziergang zu beenden und am S-Bahnhof Wandsbek-Ost einen Zug zurück zu nehmen.

Folgt man dem Weg durch die Kleingartensiedlung, findet man sich nach mehreren Kurven und Straßenüberquerungen schließlich mitten in einem Genrebild aus dem 19. Jahrhundert wieder. Rechts liegt eine alte Dorfkirche unter alten Bäumen, davor eine kleine Wiese, auf der es bunt blüht. Links schließlich stolzieren prachtvolle Hähne zwischen Schafen umher: **Alt-Rahlstedt** ist erreicht. Dass in der Feldsteinkirche aus dem 13. Jahrhundert gerne geheiratet wird, ist kein Wunder – so romantisch liegt sie da. Leider ist sie selten geöffnet.

Wer der Wandse noch weiter folgen möchte, gelangt an ihrem Lauf entlang ins **Naturschutzgebiet Höltigbaum** und ins **Stellmoorer Tunneltal.** Alle anderen steigen in Rahlstedt in die Bahn und kehren aus dem Dorf in die Stadt zurück.

- Seele baumeln lassen
- Schöne Aussicht
- Parks/Natur
- Am Wasser
- **Historische Gebäude**
- Stadtteil
- Szene
- Sport/Wellness
- **Mit Kindern**

Anfahrt
Bus 330 ab U-Bahnhof Billstedt oder S-Bahnhof Mittlerer Landweg, Haltestelle Maler- und Lackierermuseum

So sieht es in einer alten Malerwerkstatt aus

Maler- und Lackierermuseum

Wahrhaft malerisch

Ein kleines Museum von liebenswerter Schrulligkeit liegt mitten in den Marschlanden, die sich zwischen Hamburg und Bergedorf erstrecken: das **Deutsche Maler- und Lackierermuseum.** Wer das Thema achselzuckend als Spezialinteresse einer Berufsgruppe abtut, verpasst so einiges. Liebevoll zusammengetragen – hier stimmt der oft geäußerte Anspruch wirklich. Und die Begeisterung für Pinsel und Pigmente, für Maltechniken und Marmor-Imitat überträgt sich auf die Besucher. Selbst wer anfangs „nur schnell mal gucken" wollte, erwischt sich irgendwann dabei, fasziniert die alte Gesellenordnung zu lesen und festzustellen, dass Gesellen keinen Umgang mit den Lehrlingen pflegen durften, zu denen sie gerade noch gehört hatten. Oder versucht zu ergründen, wie es kommt, dass diese gemalte Holzmaserung so verflixt echt aussieht. Innungsfahnen und Silberpokale künden vom Stolz der Zunft. Andere Exponate besitzen einen gewissen skurrilen Reiz: In Lehrlings-Berichtsheften aus den 1950er-Jahren wird links in ordentlicher Handschrift über den „satten Farbauftrag" auf einen Fußboden berichtet, während auf der rechten Seite unbeholfene, aber ernsthaft bemühte Fingerübungen mit Pinsel und Wasserfarben zu sehen sind. Hinter Glas sind die zwölf übereinandergeklebten Tapetengenerationen aus hundert Jahren verewigt, die man in einem Bergedorfer Haus bei der Renovierung fand.

Szenen aus dem Arbeitsleben – einst und jetzt – finden sich in der alten, reetgedeckten **Tenne,** ein paar Schritte vom Haupthaus entfernt. Denn das Museum ist in zwei historischen Gebäuden untergebracht: der Tenne und dem sogenannten Glockenhaus. Sein heutiges Aussehen verdankt das **Glockenhaus** der idyllischen Landschaft drumherum – bestimmt noch idyllischer im 17. Jahrhundert, als noch nicht direkt nebenan die Autobahn verlief. Damals zog es viele reiche Bürger aufs Land. Man verbrachte die Sommerfrische an den Ufern der Bille und war entschlossen, Kühe

Das Glockenhaus mit seinem hübschen Barockgarten

und Schafe als Teil eines pastoralen Idylls zu betrachten. Das einstige Bauernhaus wurde 1780 zum Fachwerk-Herrenhaus umgebaut und bekam das namengebende Glockentürmchen aufgesetzt. Später wechselte die Mode. Als schick galt nun die hügelige Landschaft westlich von Hamburg. Dorthin zogen nun die Städter, um sich im Ländlichen zu erholen. Auch die Art, wie man seinen Landsitz einrichtete, veränderte sich. Und das erwies sich bei der Restauration des Glockenhauses Anfang der 1980er-Jahre als Segen: Als man nämlich die abgehängten Decken im Obergeschoss abnahm, kam die Balkendecke mit ihrer originalen Barockmalerei wieder zum Vorschein – perfekt erhalten. Die einzelnen Vignetten mit ländlichen Szenen erinnern mit ihren Blau- und Brauntönen an niederländische Kachelmalerei, allerdings in deutlich größerem Maßstab. Für das Museum ein Glücksfall: Hier kann die Malerinnung „am lebenden Objekt" demonstrieren, auf welch hohem Niveau das Handwerk schon früher ausgeübt wurde.

Zum Haus gehört ein kleiner **Barockgarten.** Wer den Augen nach der Betrachtung feinster Pinselarbeiten etwas Erholung gönnen möchte, setzt sich auf eine der weißen Bänke und blickt über die gewundenen Buchsbaumornamente.

Deutsches Maler- und Lackierer-Museum
Billwerder Billdeich 72
22113 Hamburg
Tel. (040) 733 87 06
Sa/So 10–13 Uhr
Dezember und Januar geschlossen
Eintritt 4 €
www.malermuseum.de

- Seele baumeln lassen
- Schöne Aussicht
- Parks/Natur
- Am Wasser
- Historische Gebäude
- Stadtteil
- Szene
- Sport/Wellness
- Mit Kindern

Anfahrt
Bus 221 ab S-Bahnhof Mittlerer Landweg, Haltestelle Boberger Furtweg

Im Naturschutzgebiet Boberger Niederung

Boberger Niederung

Sandkasten der Natur

Am liebsten möchte man sich in den warmen Sand werfen und Strandurlaub spielen. Dabei ist hier in der **Boberger Niederung** weit und breit kein Meer zu sehen. Wenn man, von der Bushaltestelle Boberger Furtweg kommend, links in einen kleinen Pfad einbiegt, tritt man kurz darauf zwischen Birken hervor – und steht auf einmal am Strand. Mitten im Binnenland liegt eine riesige Sanddüne, zurückgelassen von der letzten Eiszeit. Gletscher hatten im Laufe der Jahrtausende Fels und Stein auf ihrem Weg zu feinem Sand zermahlen. Nachdem die Eiszungen verschwunden waren, wehte der Wind den Sand zu ganzen Dünenlandschaften auf. Bis in die 1950er-Jahre wurden diese Dünen abgebaggert. Geblieben ist von ihnen nur noch diese eine, die große **Boberger Düne.**

Bei einem Besuch der Boberger Niederung bieten sich zwei Möglichkeiten: Wer Ruhe und Entspannung sucht, breitet seine Decke im Sand aus, legt sich zurück und blinzelt durch die Birkenzweige in den blauen Himmel. Gelegentlich kommt eine Sandbiene vorbeigesummt; dann wieder – mit etwas lauterem Summen – ein Segelflugzeug, das zur Landung auf dem nahen Flugplatz ansetzt. Bekommt man bei so viel Sand nun doch Lust zum Baden, findet man ein kleines Stück weiter einen kleinen **Badesee** – namenlos, aber beliebt. Man muss lediglich dem Walter-Hammer-Weg folgen, einem waldigen Wanderweg.

Wer dagegen Lust auf einen Naturspaziergang verspürt, der folgt dem Walter-Hammer-Weg weiter durch das **Naturschutzgebiet Boberger Niederung.** Hier stößt das Marschland an die höher gelegene Geest, sodass sich auf engstem Raum viele unterschiedliche Landschaftsformen ausprägen konnten: Eichenwald und Düne, Moor und Wiesen, Heide und Erlenbruch. Wer mehr wissen möchte über die teilweise seltenen Tiere und Pflanzen, die wie Grünspecht und Orchidee im Naturschutzgebiet anzutreffen sind, der kann sich im **Naturschutzinformationshaus** kundig machen.

Ein Spaziergang durch das Naturschutzgebiet tut auf jeden Fall der Seele wohl. Schon weil sich die Landschaft beinahe alle paar Schritte verändert, man vom Wald ins Moor und von dort in die Heide gelangt. Man kann bei dem Spaziergang eine große Acht beschreiben: den Walter-Hammer-Weg in Richtung Westen entlanggehen, am Ende links abbiegen und am Ufer der **Bille** wieder zum Ausgangspunkt zurück. Besonders der Rückweg entlang des kleinen Flüsschens lohnt sich: Es schlängelt sich malerisch durch die Wiesen. Auf der einen Seite blühen Feldblumen, schauen Rehe vom Waldrand hinüber, quaken Frösche. Auf der anderen Seite liegen die Häuser des langgezogenen Straßendorfs **Billwerder,** das sich nur um die (sehenswerte, aber leider häufig geschlossene) Kirche herum etwas dichter ordnet. Wieder am Naturschutzhaus zurück, kann man dem Walter-Hammer-Weg nun rechtsherum bis zum Ende folgen und wiederum an der Bille zurückkehren. Danach hat man sich die Einkehr im **Dorfkrug** redlich verdient. Das Fachwerkhaus liegt direkt hinter der Boberger Düne und ist vom dortigen Parkplatz aus ausgeschildert. Man lässt sich an einem der soliden Holztische nieder und erfreut sich an Wild oder knusprigen Bratkartoffeln.

Spannend: verschiedene Spuren im Sand

Naturschutzinformationshaus Boberger Niederung
Boberger Furt 50
21033 Hamburg
Tel. (040) 73 93 12 66
Mo–Fr 9–13 Uhr
Sa 12–17 Uhr
(November bis Februar Sa geschlossen)
So 11–17 Uhr
www.stiftung-naturschutz-hh.de/Boberg/index.htm

Dorfkrug Boberg
Boberger Furtweg 1
21033 Hamburg
Tel. (040) 739 81 90
Mo–So 11.30–22 Uhr

- Seele baumeln lassen
- Schöne Aussicht
- Parks/Natur
- Am Wasser
- Historische Gebäude
- Stadtteil
- Szene
- Sport/Wellness
- Mit Kindern

Anfahrt
S-Bahnhof Reinbek

Schloss Reinbek
Schlossstraße 5
21465 Reinbek
Tel. (040) 72 73 46-0
Mi–So 10–17 Uhr
www.kulturzentrum-reinbek.de/schloss

Reinbeker Schloss, Museum Rade

Norddeutsch mit einem Schuss Exotik

Grün ist es in und um **Reinbek:** Der große schleswig-holsteinische Sachsenwald streckt hier schon seine Finger aus, die Bille mäandert vorbei und lässt sich dabei willig zum Mühlenteich aufstauen. Viele Villen, wenig Hektik – das Leben scheint hier einen gemächlicheren Gang zu gehen. Direkt neben dem S-Bahnhof liegt das Schmuckstück des Städtchens, das 1572–76 erbaute **Renaissanceschloss** der Herzöge von Schleswig-Holstein-Gottorf. Dass es allerdings als Juwel glänzt und funkelt, ist erst eine neuere Entwicklung. Vernachlässigt, durch An- und Umbauten verhunzt und vom Park beinahe zugewuchert, war es bis in die 1980er-Jahre beinahe vergessen. Erst seit der Restaurierung leuchten die Mauern wieder in dem schön hellen Ziegelrot, gegen das sich die dunkelgrünen Fensterläden abheben. Der Innenhof hat seine eleganten Arkadengänge wiederbekommen, und im Innern wurden die verzierten Decken des 16. Jahrhunderts freigelegt. Dass die Räume allerdings so puristisch und sparsam eingerichtet sind, hängt weniger mit dem Willen der Denkmalschützer zusammen als damit, dass vom ursprünglichen Mobiliar schlicht nichts mehr vorhanden war. Genutzt wird das Schloss heute als Kulturzentrum. Findet also eine Veranstaltung statt, kann es sein, dass man nicht alle Räume besichtigen kann. Dafür wird man besonders freundlich in die jeweils aktuelle Kunstausstellung in der alten Küche im Erdgeschoss geleitet.

Eine angenehme Stunde kann man im Schlossinneren verbringen, aber irgendwann zieht es einen doch wieder nach draußen, in den Park. Er wird an einer Seite vom **Mühlenteich** begrenzt, und dort findet sich ein kleiner Steg mit Bänken. Es gibt kein schöneres Plätzchen, um auf Wasser und Schloss zu gucken. Schaut man von hier ein wenig nach links, dann fällt der Blick auf eine zartrosa Gründerzeitvilla. In diesem Haus ist die schillernde Sammlung eines schillernden Menschen zu bewundern. Rolf Italiaander (1913–1991) war Schriftsteller, Sammler und Vermittler von Kunst und Wissen – vor allem aber eines: Reisender. Von allen Kontinenten brachte er die Ausstellungsstücke mit, die nun auf vier Etagen im **Museum Rade** hängen. Es sind in erster Linie Gemälde. Mit dem Blick der Maler lassen sich fremde Welten entdecken. Den Besuchern bleibt es überlassen, dabei erstaunliche Querverbindungen zu finden zwischen Blumenbildern aus Japan und aus Deutschland, zwischen malenden Inuit und Balinesen. Ein eigenwilliges und liebenswertes Museum!

Um sich vor der Rückfahrt nach Hamburg nicht nur geistig, sondern auch körperlich zu stärken, kehrt man am besten noch einmal zum Schloss gegenüber zurück. In den Räumen des **Schlossrestaurants** oder auf der Terrasse mit Blick auf den Teich kann man nach so viel Exotik wieder Kurs auf Norddeutschland nehmen – kulinarisch gesehen.

Restaurant Schloss Reinbek
im Schloss Reinbek
Tel. (040) 72 79 162
http://www.schloss-reinbek.de/gastronomie.html

Museum Rade
Schloßstraße 4
21465 Reinbek
Tel. (040) 72 73 46-15
Mi–So 10–17 Uhr
www.kulturzentrum-reinbek.de/museumrade

Schloss Reinbek kommt norddeutsch in Backstein daher

23
Bergedorf

- Seele baumeln lassen
- Schöne Aussicht
- Parks/Natur
- Am Wasser
- Historische Gebäude
- Stadtteil
- Szene
- Sport/Wellness
- Mit Kindern

Anfahrt
S-Bahnhof Bergedorf

Museum für Bergedorf und die Vierlande
Bergedorfer Schlossstraße 4
21029 Hamburg
April bis Oktober
Di–Do 11–17 Uhr
Sa/So 11–18 Uhr
November bis März
Di–Do 12–16 Uhr
Sa/So 11–17 Uhr
Tel. (040) 428 91 28 94
www.bergedorfmuseum.de

Das Schloss an der Bille

Einen der schönsten historischen Ortskerne auf Hamburger Stadtgebiet findet man in **Bergedorf.** Hier gibt es alles, was dazugehört: ein Schloss, umgeben von einem wunderschönen Park. Eine sehr hübsche und sehr alte Kirche. Eine lebendige Einkaufsstraße, gesäumt von ein paar alten Fachwerkhäusern. Und eine ganz eigene Geschichte.

Zu Hamburg gehört Bergedorf nämlich erst seit 1937/38. Vorher teilten sich die beiden großen Hansestadt-Nachbarn Hamburg und Lübeck gewissermaßen das Sorgerecht für Bergedorf, das als Stadt allerdings unabhängig blieb. Und eine gewisse Eigenständigkeit merkt man den Bergedorfern immer noch an. Man fährt „nach Hamburg“, wenn man in der Großstadt zu tun hat, und bleibt ansonsten gern unter sich. Besucher allerdings sind herzlich willkommen, denn mit Stolz zeigen die Bergedorfer ihr hübsches Städtchen her.

Herrschaftlich thront das **Schloss** neben der Bille, die schon im Mittelalter in Bergedorf zum **Mühlenteich** aufgestaut wurde. Es ist heute das einzige erhaltene Schloss im gesamten Hamburger Stadtgebiet. Die hohen Backstein-Treppengiebel, die die Baumwipfel des Parks überragen, zeigen jedem, dass hier Norddeutschland ist. So geschlossen der erste Eindruck ist, so sehr täuscht er. Jahrhundertelang wurden immer wieder Gebäudeteile angebaut. Der äußere Teil stammt größtenteils aus dem 17. und 19. Jahrhundert. Wenn man um den Bau herumgeht, kann man sich kaum noch vorstellen, dass er ursprünglich der Verteidigung diente. Der Schlossgraben ist in die umgebende Parkanlage einbezogen, und nicht selten begegnet man auf den Brücken Hochzeitspaaren, die sich vor der Schlosskulisse fürs Fotoalbum ablichten lassen. Hübsch genug sind sie, die Brücken. Und der **Park** lädt zum Spazierengehen ein. Verirren kann man sich nicht, denn alle Wege führen irgendwann wieder zum Schloss.

Im Schlossinneren befindet sich das **Museum für Bergedorf und die Vierlande,** das bürgerliche

Das einzige erhaltene Schloss auf Hamburger Stadtgebiet steht in Bergedorf

Café Tolé
Reetwerder 3
21029 Hamburg
Tel. (040) 98 76 37 91
Di–Sa 10–18 Uhr
So 11–18 Uhr

und bäuerliche Kultur gleichermaßen beleuchtet. Das neue Ausstellungsdesign wirkt etwas übertrieben didaktisch – so interessant es ist, die gute Stube eines Vierländer Bauernhauses mit ihren Schlafalkoven zu betrachten, so wenig braucht man das Knarren und Knarzen, das dazu vom Band kommt. Einen Blick ist die Sammlung aber allemal wert. Neben dem Vierländer Bauernhaus fand auch die vollständige Inneneinrichtung des Bergedorfer Cafés Möller ihren Weg ins Museum. Sie stammt komplett aus der Zeit des Jugendstil: dunkles Holz, plüschige Stühle und Sofas versetzen in eine Zeit, als man noch „konditern" ging. Zum Kummer der Bergedorfer wird das „Schlosscafé" derzeit nicht als Café betrieben. Es bleibt zu hoffen, dass man dieses Schätzchen wiederbelebt.

Altes geht, Neues kommt: Nicht weit vom Schloss entfernt hat dafür ein Café eröffnet, das gleich seine Fangemeinde gefunden hat: das **Café Tolé.** Schwedisch-weiß und modisch-lila präsentiert es sich und lockt nicht nur ein kaffeedurstiges, sondern auch shoppingwilliges Volk an. Denn außer Heißem und Süßem für das leibliche Wohl gibt es darin auch ein paar Regale mit Kleidern, Tee und nettem Schnickschnack. Das kleine Sträßchen **Reetwerder,** in dem das Café liegt, erinnert mit seiner geschlossenen Gründerzeitbebauung an eine Art Miniaturausgabe von Straßen in Winterhude oder Ottensen, mit niedrigeren Häusern, aber etlichen schönen Geschäften. Die Straße führt im Bogen wieder zum Schlosspark zurück.

Durch den Schlosspark fließt die Bille

An der Alten Holstenstraße liegt die Bergedorfer Kirche **St. Petri und Pauli,** eine ausgesprochen hübsche Fachwerkkirche mit niedrigem Turm, die im Wesentlichen aus dem 16. Jahrhundert stammt. So schlicht und dörflich das Äußere wirkt, so bunt ist das Innere mit seiner geschnitzten und bemalten Barockkanzel und den Bibelszenen, die wie ein Bilderbogen die umlaufende Empore schmücken. Neben der Kirche steht ein zweites Fachwerkgebäude: das ehemalige **Organistenhaus.** Hier wurde der größte Sohn der Stadt Bergedorf geboren: der Barockkomponist Johann Adolph Hasse (1699–1783). Heute fast vergessen, machte er in der großen Zeit der italienischen Barockoper eine

Bergedorfs Fachwerkhäuser stammen aus dem 17. und 18. Jahrhundert

steile Karriere, die ihn unter anderem nach Italien und Dresden führte.

Wie seine Heimatstadt Bergedorf zu seiner Zeit ausgesehen haben mag, davon vermittelt das erste Haus an der Fußgängerzone Sachsenstraße, gegenüber der Kirche, noch einen kleinen Eindruck. Das prächtige Fachwerkhaus von 1550 beherbergte früher den Gasthof „Stadt Hamburg". Heute ist darin ein Steakrestaurant untergebracht. Wer durch die Fußgängerzone geht, findet dort noch ein paar weitere **Fachwerkhäuser,** die meist aus dem 17. und 18. Jahrhundert stammen.

In der Straße Hinterm Graben liegt eine Bergedorfer Café-Institution: das gemütliche **Café la note.** Winzig klein ist es – kein Wunder: Eingerichtet wurde es in einer alten Kutscherwohnung, die zu einer Weinkellerei gehörte. Hier lässt man sich in einen der Korbsessel sinken und bestellt heiße Schokolade, die als Bausatz geliefert wird: heiße Milch und Schokopralinchen, die man hineinwirft. Damit sich die Schokolade ordentlich löst, ist Rühren angesagt. Allein diese meditative Handbewegung sorgt schon für Entspannung nach einem langen Stadtspaziergang.

Café la note
Hinterm Graben 21
21029 Hamburg
Tel. (040) 72 10 40 30

24
Friedrichsruh

- ▶ Seele baumeln lassen
- ▶ Schöne Aussicht
- ▶ Parks/Natur
- ▶ Am Wasser
- ▶ Historische Gebäude
- ▶ Stadtteil
- ▶ Szene
- ▶ Sport/Wellness
- ▶ Mit Kindern

Anfahrt
S-Bahnhof Aumühle

Garten der Schmetterlinge
Am Schlossteich 8
21521 Friedrichsruh
Tel. (0 41 04) 60 37
April bis Oktober
Di–So 10–18 Uhr
Café Vanessa:
Mo–So 10–17 Uhr
Eintritt 7 €, Kinder 4,50 €
www.garten-der-schmetterlinge.de

Im Bambushaus

Garten der Schmetterlinge, Sachsenwald

Im Reich der schillernden Flügel

Nur eine halbe S-Bahn-Stunde vom Hauptbahnhof entfernt liegt Schleswig-Holsteins größtes Waldgebiet: der Sachsenwald. Heimisches Buchen- und Eichengrün lockt die Ausflügler schon seit über hundert Jahren hierher. Dass man dort außerdem die schillernde Exotik tropischer Schmetterlinge bewundern kann, macht ihn zu einem ganz besonderen Ziel – und es sind keineswegs nur Kinder, die von dem bunten Geflatter im **Garten der Schmetterlinge** kaum genug bekommen können.

Vom S-Bahnhof Aumühle führt ein gut ausgeschilderter Weg dorthin. Eine Viertelstunde spaziert man unter den lichten Kronen alter Buchen entlang, bevor erst Pferdekoppeln und dann ein paar Gebäude in Sicht kommen. Ein paar Schritte später ist es vorbei mit nordeuropäischer Waldesruh'. Feuchte Wärme und bunte Blüten versetzen den Besucher im Tropenhaus ein paar Tausend Kilometer in Richtung Äquator. Mehr als handtellergroße Schmetterlinge schwirren im Tiefflug vorbei, ein Farbfeuerwerk in Blau, Rot, Gelb. Erst wenn sich die riesigen Falter einmal niederlassen, zeigen sie ihre ganze Pracht. Hunderte von ihnen bevölkern dieses Glashaus; täglich schlüpfen neue aus Kokons, die aussehen wie welke Blätter. Wem das Geflatter und Geschwirre zu viel wird, der geht eine Tür weiter ins **Bambushaus.** Dort beruhigen Wassergeplätscher, leise Meditationsmusik und die sparsame Ästhetik des geradlinigen Bambus die Sinne.

Neben dem Schmetterlingshaus erfreut sich der **Singende Wassergarten** großer Beliebtheit – was wohl nicht zuletzt daran liegt, dass man die riesigen Koi (Karpfenart), die dort herumschwimmen, füttern darf. Für das leibliche Wohl der Besucher sorgt das Café Vanessa direkt nebenan.

Um das Schmetterlingshaus herum liegen weitere liebevoll gestaltete Gartenecken: Duftende Pflanzen locken heimische Falter an, man kann ei-

Farbenpracht im Garten der Schmetterlinge

nen Blick in einen lebendigen Bienenstock werfen, und einen Besuch bei **Reichskanzler von Bismarck** sollte man auch nicht versäumen. Er steht als Büste auf einem kleinen Inselchen, blickt in die Ferne und sinniert über den Wald. Darauf lassen jedenfalls die in die Stele eingravierten Zitate schließen: „Im Walde fühle ich mich niemals vereinsamt. Das muß in der Natur des Waldes begründet sein."

Der Reichskanzler bekam den Sachsenwald 1871 vom Kaiser geschenkt und lebte hier bis zu seinem Tod 1898. Der Wald gehört größtenteils immer noch seinen Nachkommen. Wer sich ausführlich mit dem Eisernen Kanzler beschäftigen möchte, kann das ganz in der Nähe des Schmetterlingsgartens tun: im Bismarck-Museum und im Mausoleum von Fürst Otto von Bismarck.

Wem der Sinn dagegen eher nach Natur als nach Kultur steht, findet im **Sachsenwald** jede Menge Spazierwege. Besonders schön: von Aumühle aus dem Lauf des kleinen Flüsschens Bille auf dem **Billewanderweg** folgen. Und wer der Bille nur mit den Augen folgen möchte, kann das auf der Terrasse des **Restaurants Fürst Bismarck Mühle** tun, an der das Gewässer vorbeirauscht. Die Forellen kommen einem dann förmlich auf den Teller gesprungen – gebraten und in brauner Butter.

Bismarck-Museum
Am Museum 2
21521 Friedrichsruh
Tel. (0 41 04) 24 19
1.April bis 31. Oktober
Mo–So 10–18 Uhr
1. November bis 31.März
Mi 10–16, Sa/So 10–16 Uhr
Eintritt 4 €, Kinder 2 €

Restaurant Fürst Bismarck Mühle
Mühlenweg 3
21521 Aumühle
Tel. (0 41 04) 20 28
Do–Di 11–24 Uhr
(Küche 12–21.30 Uhr)
www.bismarckmuehle.de

25 Kirchwerder

- Seele baumeln lassen
- Schöne Aussicht
- Parks/Natur
- Am Wasser
- Historische Gebäude
- Stadtteil
- Szene
- Sport/Wellness
- Mit Kindern

Anfahrt
Bus 225 ab S-Bahnhof Bergedorf, Haltestelle Krummer Hagen

Riepenburger Mühle
Kirchwerder Mühlendamm 75a
21037 Hamburg-Kirchwerder
Tel. (040) 7 20 89 50
April bis Oktober
Di, Do 11–17 Uhr (und nach Vereinbarung)
www.riepenburger-muehle.com

Mühlenladen und Café
Tel. (040) 73 50 73 95
Mi, Do 13–19 Uhr
Fr–So 10–19 Uhr

Auf Hof Eggers grasen die Kühe noch auf der Weide

Riepenburger Mühle, Hof Eggers, Zollenspieker

Wo der Nordwind spielt

In dem Vierländer Ort **Kirchwerder** drehen sich noch die Flügel einer altehrwürdigen Windmühle, die sogar einen Namen trägt: Boreas – in der griechischen Mythologie der Nordwind. Die **Riepenburger Mühle** ist mit ihrem Erbauungsjahrgang 1828 der Methusalem unter den wenigen verbliebenen Hamburger Windmühlen. Hierher kommt man, wenn man eine Mühle besichtigen will, in der es noch nach warmem Holz und Getreide riecht. Und wenn man im gepflasterten Hof bei einer von zwanzig Sorten heißer Schokolade in den Himmel schauen möchte, während der Schatten der Mühlenflügel über den Tisch gleitet. In dem sonnengelben Gebäude neben der Mühle hat sich nämlich ein kleiner Laden mit Café einquartiert. Innen lehnt man sich für eine ausgiebige Kaffeestunde in alten Sofas und Polstersesseln zurück oder kauft selbst gekochte Marmelade und Brombeeressig ein. Wer der blümchenbestreuten, goldgeränderten Oma-Gemütlichkeit dann doch die frische Luft vorzieht, sitzt an einem der Tische im Hof. Nebenan kann man in der **Kunsthandwerkerei** bestickte Leinentücher, Filzschuhe und Holzbrettchen erstehen.

Von der Mühle führt ein kurzer Spaziergang zum **Hof Eggers.** Einmal im Monat lässt sich hier der Weg vom Korn zum Brot verfolgen, wenn nämlich im Backhaus der Ofen angeheizt wird, um darin zu backen. Aber auch sonst lohnt sich die Viertelstunde Weg, denn der Bauernhof ist ein wirklich idyllisches Plätzchen. Reetgedeckte Fachwerkhäuser liegen unter alten Bäumen; gleich daneben fließt die Gose Elbe, ein alter Elbarm. Die Kühe stehen hier noch auf der Weide, Gänse watscheln über den Hof, und die Schweine baden sich nicht nur in der Suhle, sondern auch in der Sonne. Der Hof, der heute biologisch bewirtschaftet wird, befindet sich seit vierhundert Jahren im Familienbesitz.

Wieder zurück an der Riepenburger Mühle, geht es auf dem Kirchwerder Mühlendamm weiter

Richtung Süden. Parallel zum Deich verläuft der alte **Marschbahndamm,** eine aufgegebene Bahntrasse, die zu einem Rad- und Spazierweg wurde – ideal, um zu Fuß oder per Fahrrad die beeindruckende Landschaft der Vier- und Marschlande zu entdecken. Zwischen Feldern, Wiesen und Wäldchen läuft oder fährt man immer im Grünen entlang, nickt hier einem Storch und da ein paar zotteligen schwarzen Rindern zu, kommt an reetgedeckten Bauernhäusern und bewachsenen Wasserläufen vorbei. Die typische Landschaft der Vier- und Marschlande entstand im 14. Jahrhundert, als man große zusammenhängende Landflächen durch Eindeichung und Entwässerung gewann.

Wer aber von der Mühle kommend den Marschbahndamm überquert und sich am Deich nach rechts wendet, kommt zu einem der Ausflugshöhepunkte von Hamburg: dem **Zollenspieker Fährhaus.** Hier setzt eine Fähre über die Elbe und bringt gerade im Sommer jede Menge Motorradfahrer von hüben nach drüben. Wer im Fährhaus nicht im Biergarten, sondern auf der Terrasse des Restaurants Platz nimmt, hört vom Motorenlärm kaum noch etwas, genießt aber einen wunderbaren Blick auf die Elbe und das jenseitige Ufer. Ein schöner Abschluss für einen ländlichen Tag.

Norddeutsche Idylle auf Hof Eggers

Kunsthandwerkerei
Tel. (040) 88 30 11 18
Mi–Sa 14–18 Uhr
www.kunsthandwerkerei.de

Hof Eggers in der Ohe
Kirchwerder Mühlendamm 5
21037 Hamburg-Kirchwerder
Tel. (040) 72 30 337
Backtage jeden 2. So im Monat 11–13 Uhr
www.hofeggers.de

Restaurant Zollenspieker Fährhaus
Zollenspieker Hauptdeich 143
21037 Hamburg
Tel. (040) 79 31 33-0
Mo–So 11–22 Uhr (Küche ab 12 Uhr)
www.zollenspieker-faehrhaus.de

- Seele baumeln lassen
- Schöne Aussicht
- Parks/Natur
- **Am Wasser**
- **Historische Gebäude**
- **Stadtteil**
- Szene
- Sport/Wellness
- **Mit Kindern**

Anfahrt
Bus 13 ab S-Bahnhof Veddel, Haltestelle Vogelhüttendeich

Anschluss-Tipp
Wer nach der städtischen auch die Naturseite von Wilhelmsburg kennenlernen möchte, schließt eine Besichtigung der Bunthäuser Spitze an (▸ Seite 80).

Biergarten Zum Anleger
Vogelhüttendeich 123
21107 Hamburg
Tel. (040) 86 68 77 81
Mo–Sa ab 11.30 Uhr
So ab 10 Uhr
www.zum-anleger.de

Am Veringkanal

Reiherstiegviertel

Bohnen und Bauwagen

Lange galt **Wilhelmsburg** als Hamburgs Schmuddelecke: ein Arbeiter- und Industrieviertel, leicht übersehen und vergessen. Mit der Internationalen Bauausstellung (IBA), die bis 2013 in Hamburg stattfindet, ändert sich das Bild. Verschiedene Bauprojekte sollen den Stadtteil attraktiver machen – manche sehen hier schon das nächste Trendviertel entstehen. Dass die Siedlung auf der gleichnamigen Elbinsel schon jetzt Romantik-Potenzial hat, zeigt ein Spaziergang zu ein paar lauschigen Plätzchen.

Er beginnt gleich an einem der schönsten Biergärten Hamburgs, dem **Anleger.** Direkt am **Ernst-August-Kanal** gelegen, schaut man bei einem kühlen Bier den Ausflugsschiffen hinterher, die hier ablegen. Oder besteigt selbst eines, um Wilhelmsburg von der Wasserseite kennenzulernen. Das geht übrigens auch im Kanu oder Tretboot.

Wer doch festen Boden unter den Füßen bevorzugt, spaziert vom Anleger aus die Straße Vogelhüttendeich entlang, vorbei an – größtenteils noch unsanierten – Gründerzeitfassaden. Die Straße führt zum lebendigen **Stübenplatz.**

Ein grünes Eckchen findet sich am nächsten Wasserlauf. Und der ist nicht weit entfernt, denn die Insel ist von vielen Industriekanälen durchzogen. Bis vor nicht allzu langer Zeit wurden sie noch als Transportwege genutzt. Heute liegen auf dem **Veringkanal** malerisch ein paar Hausboote vor Fabrikkulissen. In einem dieser backsteinroten Fabrikgebäude hat sich das Kulturzentrum **Honigfabrik** angesiedelt, das neben Konzert- und Theaterabenden auch jede Menge offener Kurse und Werkstätten anbietet. Und wer weder tischlern noch tanzen oder töpfern möchte, findet möglicherweise trotzdem den Weg hierher, denn das hauseigene Café Pause ist ein beliebter Treffpunkt. Am schönsten lässt sich das Kulturzentrum allerdings von dem kleinen **Park** auf der anderen Seite des Kanals betrachten. Kleine Holzterrassen mit Bänken ragen dort über das Wasser, und man be-

trachtet die ehemalige Wilhelmsburger Industriewelt durch einen grünen Trauerweidenschleier. Still ist es dabei nicht unbedingt: Es kann schon mal sein, dass sich auf der Wiese Leute zu spontanen Jamsessions einfinden, dass die Luft erfüllt ist von Bongo- und Gitarrenklängen, von Grillgerüchen – und vom Kreischen der Möwen.

Wer dem Grünstreifen am Veringkanal folgt, der gelangt zu einer ganz besonderen Gartenanlage: dem **interkulturellen Garten Wilhelmsburg.** Seit 2006 säen, pflanzen, jäten und ernten hier Wilhelmsburger gemeinsam und tauschen außer Saatgut und Gurken auch Kochrezepte und Weltbilder aus. Für den interkulturellen Aspekt sorgt ein Verteilungsschlüssel: Zu keiner Zeit sollen mehr als 30 Prozent der gärtnernden Mitglieder einer Nation angehören. Sonntags darf jeder vorbeischauen, im Schatten des bunt bemalten Bauwagens einen Tee trinken und das Wachstum von Bohnen und Kürbissen begutachten.

Zurück geht es mit dem Metrobus 13 (Haltestelle Groß Sand) zum S-Bahnhof Wilhelmsburg. Oder zu Fuß über den Gert-Schwämmle-Weg und die Neuenfelder Straße.

Im Interkulturellen Garten kann man Saatgut und Weltbilder austauschen

Honigfabrik
Kommunikationszentrum Wilhelmsburg e.V.
Industriestraße 125–131
21107 Hamburg
Tel. (040) 42 10 39-0
www.honigfabrik.de

Café Pause
in der Honigfabrik
Mo 8–19 Uhr
Di–Do 8–24 Uhr
(Fr nur bei Veranstaltungen)
Sa/So 9–19

Interkultureller Garten Wilhelmsburg
im Park am Veringkanal
Veringstraße 147
21109 Hamburg
Tel. (040) 29 88 56 37
Im Sommer So ab 14 Uhr

27
Wilhelmsburg

- Seele baumeln lassen
- Schöne Aussicht
- Parks/Natur
- Am Wasser
- Historische Gebäude
- Stadtteil
- Szene
- Sport/Wellness
- Mit Kindern

Anfahrt
Bus 351 ab S-Bahnhof Wilhelmsburg, Haltestelle Moorwerder, Kinderheim

Ein idyllischer Wanderweg führt zur Bunthäuser Spitze

Bunthäuser Spitze, NSG Heuckenlock

Wo es zirpt und zwitschert

Genau dort, wo sich die Elbe in Norder- und Süderelbe teilt, steht Hamburgs kleinster Leuchtturm. Die **Bunthäuser Spitze** bildet den südlichsten Punkt der großen Elbinsel Wilhelmsburg. Wer mit Bus oder Fahrrad hinfährt, kommt an einzelnen, häufig reetgedeckten Bauernhäusern vorbei. Sie ducken sich hinter Deichen, dazwischen wächst in ordentlichen Reihen Kopfsalat und Lollo rosso. Gemüseland ist hier, genau wie in den Vier- und Marschlanden jenseits der Süderelbe. Vor dem Deich aber, direkt am Fluss, herrscht die Natur. Das letzte Haus auf der Insel ist das **Bunthaus,** in dem heute ein Informationszentrum mit einer kleinen Ausstellung zum Lebensraum Elbe-Tideauen untergebracht ist. Vom Bunthaus führt ein kleiner Pfad idyllisch unter Bäumen zu dem nur sieben Meter hohen, grün und rot gestrichenen Leuchtturm. Sein Leuchtfeuer wurde allerdings schon 1970 für immer gelöscht. Heute dient er als kleiner Aussichtsturm über den Elbstrom, der sich hier in zwei Arme teilt. Hohes Schilf wiegt sich im Wind, gelegentlich fährt ein Boot vorbei, Möwen kreischen. Ein friedliches Plätzchen.

Dabei war diese Stelle jahrhundertelang Schauplatz eines erbitterten Konkurrenzkampfes zwischen der Stadt Hamburg und der Stadt Harburg. Es ging um die Frage, welchen der beiden Häfen die auf der Elbe in Richtung Meer fahrenden Schiffe anlaufen sollten. Natürlich den ihren, fanden die Hamburger – schließlich konnten sie dann Zoll kassieren und Handel treiben. Leider lag der Hamburger Hafen an der Norderelbe, im Vergleich zur Süderelbe nur ein Nebenarm. Um den Schiffen die Entscheidung für die richtige Seite zu erleichtern, kaufte Hamburg das Land um die Bunthäuser Spitze. Zunächst patrouillierten dort bewaffnete Schiffe, später wurde ein Wachthaus errichtet. Anfang des 18. Jahrhunderts grub die Hansestadt dem Konkurrenten Harburg schließlich das Wasser ab und änderte die Strömungsverhältnisse der Elbe so, dass der größte Teil des Wassers die Nor-

derelbe hinabfloss. Erst um die Wende zum 20. Jahrhundert wurde der Streit beigelegt. Seitdem ist vertraglich festgelegt, dass die beiden Elbarme annähernd gleich viel Wasser führen.

Für die Natur hat sich dieser Zwist als Segen erwiesen. Die Hamburger Exklave rund um die Bunthäuser Spitze wurde nie eingedeicht oder besiedelt. So hat sich hier ein Streifen Grün erhalten, der heute als **Naturschutzgebiet Heuckenlock** geschützt ist. Von der Bunthäuser Spitze ist es nach einem kurzen Deichspaziergang, immer die Süderelbe entlang, zu erreichen. Das Heuckenlock ist vom Auf und Ab der Gezeiten geprägt, die an der Elbe immer noch deutlich spürbar sind. Zudem wird das ganze Gebiet ungefähr hundertmal im Jahr überflutet. Ein urtümlicher Lebensraum, in dem es noch viele seltene Pflanzen und Tiere gibt. Wer hindurchspaziert, hat schnell das Gefühl, in einer Wildnis gelandet zu sein. Im übermannshohen Reetdickicht tschilpt und zwitschert und keckert es ohne Unterlass, irgendwo hämmert ein Specht Löcher in einen Baumstamm. Riesige Pappeln liegen entwurzelt im Wald, wo sie im letzten oder vorletzten Sturm gefallen sind. Und dazwischen steht unvermittelt eine Bank, von der aus man die Wildnis betrachten kann.

Auf der Bunthäuser Spitze thront der Leuchtturm

Elbe-Tideauenzentrum Bunthaus
Moorwerder Hauptdeich 33
21109 Hamburg
Tel. (040) 75 06 28 31
1. November bis 31. März
So 11–18 Uhr
1. April bis 31. Oktober
Fr 14–18 Uhr
Sa/So 11–18 Uhr
www.naturschutzverband-goep.de/ns/bunthaus.htm.de
Im Bunthaus gibt es auch Kaffee und Kuchen, an rustikalen Picknicktischen im Garten.

Weitere Informationen zum Leuchtturm
www.leuchtfeuer-bunthaus.luechthuus.de

28 Harburg

- Seele baumeln lassen
- Schöne Aussicht
- Parks/Natur
- Am Wasser
- Historische Gebäude
- Stadtteil
- Szene
- Sport/Wellness
- Mit Kindern

Anfahrt
S-Bahnhof Harburg Rathaus

In der Lämmertwiete

Lämmertwiete, Hafen, Außenmühlenteich

Cocktails und Karibikmusik

Industrieromantik im Norden, weites Parkgrün im Süden: Harburg hat nicht nur ein Gesicht. Weshalb man in dem Stadtteil südlich der Elbe auch auf ganz verschiedene Weisen die Seele baumeln lassen kann. Wer am Harburger Rathaus aus der S-Bahn steigt, erreicht schon bald die **Lämmertwiete.** Diese kleine, von Fachwerkhäusern und Restauranttischen gesäumte Gasse begründet Harburgs offiziellen Romantik-Anspruch. Etliche der Häuser standen ursprünglich an anderen Stellen in der Stadt, und Lücken wurden mit modernen, auf alt getrimmten Bauten aufgefüllt. Diese malerische Kulisse lässt sich am besten an lauen Sommerabenden genießen.

Nördlich der lärmenden Buxtehuder Straße erstreckt sich der **Harburger Binnenhafen.** Hier soll – ähnlich wie in der HafenCity – ein neues Arbeits- und Wohnquartier am Wasser entstehen. Wie das aussehen könnte, zeigt sich am Westlichen Bahnhofskanal: schicke Neu- und umgenutzte Altbauten direkt am Wasser. Das auffälligste Gebäude ist das **Silo,** ein ehemaliger Kornspeicher, dessen runde Türme heute von viel Glas gekrönt werden. Unten genießt man in der Edelpizzeria „Silo 16“ den Blick auf den Kanal. Im Sommer sitzt man sogar auf einer Terrasse direkt über dem Wasser. Gegenüber liegt das ehemalige Seebäderschiff „Seute Deern“ vor Anker und träumt von Helgolandfahrten.

Ein Spaziergang um die verschiedenen Becken des Binnenhafens zeigt das Nebeneinander von Neu und Alt, von Büroschick-Visionen und Werftrealitäten, Glasfassaden und bröckelnden Backsteinbauten, von Kaffeeduft und Teergeruch. Auf der **Schlossinsel** mitten im Hafen lässt sich sogar ein Blick in die Geschichte der ehemals eigenständigen Stadt Harburg werfen: Das als Mietshaus genutzte Gebäude in der Bauhofstraße 8 ist der letzte Rest des Harburger Schlosses. Die Geschichte der Burganlage geht zurück bis ins 11. Jahrhundert; der stehen gebliebene Seitenflügel

stammt von 1620/21. Im Laufe des 19. Jahrhunderts wuchs jedoch der Harburger Hafen als Industriehafen und überlagerte jede Erinnerung an feudale Herrlichkeit.

Solche Gedanken über den Lauf der Welt lassen sich ganz wunderbar im Liegestuhl weiterspinnen, in Hamburgs größtem **Beachclub am Veritaskai:** Sand unter den Füßen, ein Getränk in der Hand, vor den Augen ein Gewusel von Booten, Kränen, Werften, in den Ohren karibische Musik – so erschließt sich das Seele-baumeln-Potenzial des Hafenbezirks am besten.

Im Süden lässt sich anschließend Harburgs grüne Seite genießen. Riesig liegt der **Außenmühlenteich** inmitten des **Harburger Stadtparks** – der Begriff „Teich" kommt einem, gelinde gesagt, wie eine Untertreibung vor. Immerhin braucht man, um ihn zu umrunden, mindestens eine Dreiviertelstunde. Im **Schulgarten** des Stadtparks, etwas abseits der Hauptspazierwege um den Teich, kann man eine Reihe stiller Paradiese entdecken: Jedes dieser „Gartenzimmer" veranschaulicht einen anderen gärtnerischen Aspekt. Das kann auch etwas skurrile Züge annehmen: Ob wohl die Gartenkunst der alten Germanen tatsächlich so aussah, wie es im Garten der Jahrtausende demonstriert wird?

In der Strandbar sitzen, den Schiffen zuschauen und die Gedanken schweifen lassen

Restaurant Silo 16
Schellerdamm 16
21079 Hamburg
Tel. (040) 41 54 14 94
täglich 12–24 Uhr (Küche bis 23 Uhr)
www.silo16com.de

Beachclub Veritas Beach
im Harburger Hafen
Veritaskai 5
21079 Hamburg
Tel. (040) 796 70 80
täglich ab 11.30 Uhr
www.hornbachers.net

29 Finkenwerder

- Seele baumeln lassen
- Schöne Aussicht
- Parks/Natur
- Am Wasser
- Historische Gebäude
- Stadtteil
- Szene
- Sport/Wellness
- Mit Kindern

Anfahrt
Fähre 62 ab Landungsbrücken, Fähre 64 ab Teufelsbrück bis Fähranleger Finkenwerder

Lauschiger Platz zum Verweilen

Finkenwerder: Inselspaziergang

Reif für die Insel

Nur zehn Minuten dauert die Fahrt über die Elbe zur Insel Finkenwerder. Wer am Anleger Neumühlen die Fähre besteigt und ein gültiges Ticket des Verkehrsverbunds vorzeigt, der ist schon fast da. Ein paar Minuten kann man sich oben an Deck den Wind ins Gesicht blasen lassen, um schon bald auf der Insel wieder von Bord zu gehen. Na gut, genau genommen hat Finkenwerder seinen Inselstatus 1962 eingebüßt. Nach dem großen Hamburger Hochwasser nämlich, das auch der Elbinsel und ihrer Bevölkerung übel mitgespielt hatte, wurden neue Deiche gebaut, die Finkenwerder ans Festland banden. Aber das Wasser ist nie weit, und so kann man sich trotzdem wie auf einer Insel fühlen.

Was von der Hamburger Stadtseite aus von **Finkenwerder** ins Auge fällt, ist allerdings zunächst einmal wenig ansprechend: die großen Hallen des Flugzeugbauers Airbus. Aber bei näherem Hinsehen hat die Insel einige sehr hübsche Ecken zu bieten. Eine davon besitzt sogar einen eigenen Fähranleger: der Rüschpark. Man erreicht ihn aber auch in einem zehnminütigen Fußweg vom Anleger Finkenwerder aus, wenn man um den Steendiek-Kanal herumgeht.

Der **Rüschpark** wurde auf einem alten Werftgelände angelegt. Das Schönste an dieser Grünanlage sind allerdings nicht Bäume und Blumen, sondern die etwas vorgebauten Aussichtsterrassen am Elbufer, die mit ihren Sitzgruppen zum Grillen oder Picknicken einladen. Während die Grillkohlen herunterbrennen, beobachtet man aus nächster Nähe, wie die großen Pötte von Schleppern im Wortsinn ins Schlepptau genommen und an ihren jeweiligen Liegeplatz gebracht werden. Ein Schauspiel, das nie langweilig wird, auch wenn man es noch so oft sieht. Und selbst wenn gerade einmal kein Schiff in Sicht sein sollte: Allein der Anblick von Wasser, Wellen und dem Himmel, der sich darin spiegelt, tut gut. Und lässt sich stundenlang genießen – auch ohne Grill im Hintergrund.

Panoramablick auf die Elbe: im Gorch-Fock-Park

Für Wasserenthusiasten lohnt sich übrigens ein Besuch in dem kleinen **Schwimmbad** im gegenüberliegenden **Gorch-Fock-Park.** Dort kann man mit direktem Blick auf die Elbe seine Bahnen ziehen. Fast fühlt es sich so an, als könnte man mit ein paar Stößen zu dem großen Containerfrachter hinüberschwimmen, der eben die Elbe hinabfährt, und sich von dem Riesen bis in die Nordsee ziehen lassen.

Auf Finkenwerder gibt es allerdings auch Winkel, die das Seele-baumeln-Lassen auch ohne Elbblick erlauben. Der Kern der **alten Fischersiedlung** rund um die Straßen Steendiek und Auedeich zum Beispiel: kleine Häuschen, teilweise aus Fachwerk, teilweise reetgedeckt. Dicht gedrängt stehen sie neben- und hintereinander, Rücken an Rücken auf der engen Deichkrone. Den Vorübergehenden gewähren sie manchen verstohlenen Blick in winzige Hinterhöfe, in denen trotzdem Platz ist für einen Blumenkübel oder einen Rosenstock. Aufgehübscht ist an diesen Häuschen noch überraschend wenig. Ebenso überraschend ist die Tatsache, dass wenige der Ausflügler, die sich auf der Fähre drängten, ihren Weg hierher zu finden

Hallen- und Freibad Finkenwerder
Finksweg 82
21129 Hamburg
Tel. (040) 18 88 90 (Zentrale der Bäderland Hamburg)
Di–Sa 14–18 Uhr
www.baederland.de/bad/finkenwerder.php

scheinen. Dabei sind diese paar Straßen wirklich einen Spaziergang wert – insbesondere, wenn man den kleinen Durchgang zu dem Weg auf der Rückseite des Deichs entdeckt (am einfachsten von der Emdener Straße aus zu finden). Der führt nämlich durch eine Parkanlage an einem kleinen Wasserlauf entlang – nett, um einen Blick auf die Rückseiten der Häuser zu werfen.

Von der alten Siedlung aus gelangt man über den Finkenwerder Landscheideweg zur **Finkenwerder Dorfkirche.** Der Straßenname spiegelt die Geschichte der Insel wider: Sie war einst in zwei getrennte Herrschaftsgebiete geteilt. Der Norden gehörte seit 1445 zu Hamburg, das Gebiet südlich des Landscheidewegs dagegen fiel über die Jahrhunderte mal an diesen, mal an jenen Landesherrn. Erst seit 1937/38 wurde es ebenfalls Stadtteil Hamburgs. Welche Folgen die Teilung der Insel haben konnte, zeigte sich während der großen Cholera-Epidemie 1892: Den Bewohnern des hamburgischen Nord-Finkenwerder war es bei Todesstrafe verboten, den preußischen Südteil der Insel zu besuchen. In dem lag aber die Kirche. Um im Gottesdienst Trost und Hoffnung zu finden, trotzte mancher Finkenwerder Fischer dem Verbot. Die heutige Kirche St. Nikolai stammt erst von 1881, was ihr vergleichsweise helles und luftiges Inneres erklärt. Ein paar Ausstattungsgegenstände wie die barocke Kanzel wurden aber aus den Vorgängerbauten übernommen. Die Heimat- und Elbverbundenheit der Gemeindemitglieder zeigt sich nicht zuletzt an den Schiffsmodellen, die über Eingang und Altar hängen.

Ein wunderbarer Ort ist auch der **alte Friedhof** auf der anderen Straßenseite. Vielleicht liegt es daran, dass viele der Inselbewohner früher ihr Geld mit Fischfang verdienten und tagtäglich die Weite des Wassers um sich hatten: Jedenfalls scheinen sie auch im Tod noch eine gewisse Weitläufigkeit zu schätzen. Die Gräber liegen locker verstreut auf einer weiten Wiesenfläche, die von alten Bäumen beschattet wird. Still ist es hier, wenn man mal von dem Wind absieht, der in den Wipfeln rauscht.

Wer sich den Wind noch ein wenig länger um die Nase wehen lassen möchte, der schlägt von der Kirche aus den kleinen Weg Wiet ein. Er führt mitten durch den südlichen Teil der Insel, der schon wie das angrenzende Alte Land vom **Obstanbau** geprägt ist. Zwischen Feuchtwiesen und Entwässerungsgräben liegen erhöht auf Wurten einzelne Höfe und überblicken ihre Apfelbäumchen. Im Frühjahr leuchten weiß und rosa die Blüten, im Herbst rot und gelb die Früchte. Der Weg führt im großen Bogen ans westliche Ende von Finkenwerder zurück. Die meisten hungrigen Ausflügler kehren im Restaurant Elbblick ein, dessen Karte allerdings keinerlei Überraschungen bietet. Hier gibt es solide Fisch- und Ausflugsküche. Der Blick aufs Wasser lenkt vom eher tristen Ambiente ab. Alternativ besteigt man wieder die Fähre, schippert nach Neumühlen zurück und kehrt in einem der dortigen Restaurants ein: im **Weißen Haus** beispielsweise, in dem man einfacher wieder einen Platz bekommt, seit Tim Mälzer dort nicht mehr am Herd steht.

Restaurant Elbblick
Focksweg 42
21129 Hamburg
Tel. (040) 742 51 91
Täglich 11–22 Uhr
www.finkenwerder-elbblick.de

Restaurant
Das weiße Haus
Neumühlen 50
22763 Hamburg
Tel. (040) 390 90 16
Mo–Fr 12–15 und ab 18 Uhr
Sa ab 18 Uhr
So geschlossen
www.das-weisse-haus.de

- Seele baumeln lassen
- Schöne Aussicht
- Parks/Natur
- Am Wasser
- Historische Gebäude
- Stadtteil
- Szene
- Sport/Wellness
- Mit Kindern

Anfahrt
S-Bahnhof Agathenburg

Kulturstiftung Schloss Agathenburg
Hauptstraße
21684 Agathenburg
Tel. (0 41 41) 640 11
März bis Oktober
Di–Sa 14–18 Uhr
So 10–18 Uhr
November bis Februar
Di–Sa 14–17 Uhr
So 10–17 Uhr
www.schlossagathenburg.de

Pferde grasen auf der Koppel hinter dem Schloss

Schloss Agathenburg, Stade

Den Froschkönig suchen

Schloss Agathenburg: Ein lauschiger Ort in Hamburg? Nicht mehr ganz. Aber Agathenburg liegt immer noch im S-Bahnnetz des HVV, weshalb der Ausreißer gestattet sein möge. Es ist dafür ein Ausreißer, der Romantiksuchenden gleich dreierlei bietet: ein Schloss, einen leicht verwilderten Park und wunderbar weite Blicke übers Land. Und zudem lässt sich der Ausflug mit einem Besuch des geradezu bilderbuchromantischen Stade verbinden. Dort locken hübsche Fachwerkhäuser und der alte Stadthafen.

Die seit einiger Zeit bis nach Stade verlängerte S-Bahnlinie 3 bringt Ausflügler in einer Stunde zum Bahnhof von **Agathenburg.** Gleich daneben liegt das **Schloss,** hinter Bäumen fast verborgen. Bei seiner Erbauung 1655 muss es schon von Weitem einen prachtvollen Anblick geboten haben: Es thronte auf einer Anhöhe und überblickte einen weitläufigen, aber streng geometrisch abgezirkelten Barockgarten. Damit verkörperte es perfekt den Stolz und Herrschaftsanspruch des Erbauers Hans Christoph von Königsmarck. Er war Feldherr im Dreißigjährigen Krieg und späterer Generalgouverneur der Herzogtümer Bremen und Verden, die an Schweden gefallen waren. Nicht nur, dass er sich ein Schloss erbaute, war hierzulande ungewohnter Prunk. Auch die Tatsache, dass er das Dorf kurzerhand nach dem Schloss umbenannte und angeblich jeden, der den alten Namen Lieth verwendete, mit der Reitpeitsche strafte, spricht für Stolz – oder Standesdünkel. Seit dem 17. Jahrhundert heißen nun Schloss und Dorf nach Hans Christoph von Königsmarcks Ehefrau Agatha von Leesten.

Seine feudale Vergangenheit hat das Schloss schon etwas länger hinter sich. Nach einigem Auf und Ab gehört es seit 1983 dem Landkreis Stade, der dort ein Kulturzentrum unterhält. In dem hohen Backsteingebäude finden nun regelmäßig Ausstellungen, Konzerte und Lesungen statt – und geheiratet wird hier auch gern. Das Schönste

Märchenidylle: Schlossparksee mit Entenhaus

aber ist der **Schlosspark,** der sich als kleines Wäldchen den Hügel herunterzieht bis zu zwei Schlossteichen. Ein wenig verwunschen ist er schon. Allerdings wurde unter den Fröschen, die sich vor nahenden Besuchern mit einem schnellen Sprung ins Wasser retten, noch keiner mit Krönchen gesichtet. Dafür bezaubern verborgene, moosbewachsene Steinbänke und die gelegentlich unvermittelt am Wegrand auftauchenden Skulpturen. Nach und nach soll der Park zur Freiluft-Kunstausstellung werden. Als Reminiszenz an den verschwundenen großen Barockgarten wurde vor dem Schloss ein kleiner **Bauerngarten** angelegt. Zwischen ordentlich mit Buchsbaum eingefassten Beeten duftet Lavendel, blühen Akelei und Mohn, und eine kleine Laube lädt ein, Platz zu nehmen und sich einen Augenblick als Schlossbesitzer zu fühlen.

Im Schlossinnern kann man Kaffee und Kuchen bekommen und auf der Schlossterrasse mit wunderbarem Blick über die umgebende Landschaft genießen – besonders hübsch dann, wenn im Mai und Juni die Rapsblüte gelbe Teppiche ausrollt.

Wer nach dieser Märchenidylle bodenständiges Hanseatentum bewundern möchte, der fährt nach Stade weiter: entweder in sechs Minuten mit der S-Bahn oder – und das ist mit Sicherheit die idyllischere Variante – in zwanzig Minuten mit dem mitgebrachten Fahrrad immer parallel zu den Schienen.

Stade bietet in gewisser Weise das Kontrastprogramm zum ein wenig weltfernen, verträumten Schloss Agathenburg: Es ist ein lebendiges Städtchen, das mit seinem touristischen Pfund wuchert. Zu Recht begeistert ziehen Ausflügler, Radwanderer und Busreisegruppen durch die Altstadt: Sie ist wirklich hübsch mit ihren schmucken Fachwerkhäusern, den barocken Giebeln und gründerzeitlichen Fassaden. Mittendrin erheben sich die Türme zweier Kirchen: Der achteckige mit dem barocken Turmhelm gehört zu **St. Cosmae,** der schlichte viereckige zu **St. Wilhadi.** Sehenswert sind beide Kirchen. Und wer besonderes Glück hat, kommt vielleicht sogar zurecht, wenn auf der großen Orgel in St. Cosmae geübt oder sogar ein Konzert gegeben wird. Das Instrument stammt nämlich von dem großen norddeutschen Orgelbauer Arp Schnitger.

Natürliches Gravitationszentrum für Stadebesucher ist der **alte Hansehafen.** Hier kann man unter vielen Restaurants und Cafés wählen – schön unter Bäumen sitzt man zum Beispiel auf der Terrasse des **Cafés im Goebenhaus.** Von dort aus genießt man nicht nur selbst gebackene Kuchen und Torten, sondern auch den Blick auf die umliegenden Häuser aus dem 17. und 18. Jahrhundert und das Hafenbecken.

Heute ist es kaum noch zu glauben, dass dieses winzige Hafenbecken einmal Stades Wohlstand begründete und dem Städtchen die Mitgliedschaft in der Hanse sicherte. Handelsschiffe konnten zwischen der Elbmündung und Harburg nur im an der Schwinge gelegenen Stade einen Hafen anlaufen. Zudem führten an der Stadt etliche alte Handelswege vorbei – beste Voraussetzungen für wirtschaftliche Blüte. Stades Unabhängigkeit endete mit dem Dreißigjährigen Krieg, als das Städtchen von Schweden erobert wurde. Ein weiterer Schicksalsschlag traf die Stadt 1659, als sie größtenteils

Café im Goebenhaus
Wasser West 21
21682 Stade
Tel. (0 41 41) 23 13
Di–Sa 9.30–18 Uhr
So 10–18 Uhr
www.goebencafe.de

Schwedenspeicher-Museum
Wasser West 39
21682 Stade
Tel. (0 41 41) 32 22
Di–Fr 10–17 Uhr
Sa/So 10–18 Uhr
Erwachsene 3 €, Kinder 1,50 €
www.schwedenspeicher.de

Heimatmuseum Stade
Inselstraße 12
21682 Stade
Tel. (0 41 41) 23 32
April bis Oktober
Di–Fr 10–13, 14–16 Uhr
Sa/So 10–13, 14–17 Uhr
(nur jedes 2. und 4. Wochenende im Monat)
November bis März
Di–Fr 10–13 Uhr
Erwachsene 2 €, Kinder 1 €

Im alten Hafen in Stade

niederbrannte. Aus diesem Grund ist heute kaum ein Haus in der Altstadt älter als 350 Jahre. Mit der Zeit wurde der Stader Hafen zu klein, um im internationalen Handel noch eine große Rolle zu spielen; das Hansestädtchen verlor an Bedeutung.

Besucher können sich seine Geschichte in mehreren Museen vergegenwärtigen: im **Schwedenspeicher-Museum** gleich am Hafen zum Beispiel, im **Heimatmuseum** oder im **Baumhaus-Museum**. Der Name dieses Museums klingt experimenteller, als er ist: Nicht ein Haus in einer Baumkrone ist hier gemeint, sondern das Haus des Hafenaufsehers, der die Zufahrt zum Hafen durch einen quer gelegten Schlagbaum regelte. Wer stattdessen lieber die Gegenwart genießt, kann zum Abschluss noch einen kleinen Spaziergang am Wasser machen: beginnend mit dem **Yachthafen** an der Schwinge und rund um die Altstadt, die von einem Befestigungsgraben umgeben ist. Schließlich kann man sich danach mit der S-Bahn ganz gemütlich wieder nach Hamburg zurückchauffieren lassen.

Baumhaus-Museum
Wasser Ost 28
21682 Stade
Tel. (0 41 41) 454 34
März bis Oktober
Sa 15–18 Uhr
So 14–18 Uhr
November bis Februar
So 15–17 Uhr
Eintritt frei (Spende erbeten)

31
St. Pauli

- Seele baumeln lassen
- Schöne Aussicht
- Parks/Natur
- Am Wasser
- Historische Gebäude
- Stadtteil
- Szene
- Sport/Wellness
- Mit Kindern

Anfahrt
S/U-Bahnhof Landungsbrücken

Tower Bar: Blick über Hamburg inklusive

Tower Bar, Alter Elbtunnel

Wenn Hamburg von ferne leuchtet

Einmal über allem schweben: Manchmal braucht man das, um den Alltag aus einer gewissen Distanz zu betrachten und dadurch paradoxerweise wieder auf den Boden zu kommen. In solchen Fällen hilft ein Besuch in der **Tower Bar** des **Hotels Hafen Hamburg.**

Das Hotel selbst, einst als Seemannsheim entstanden, überblickt vom steilen Geesthang aus die Landungsbrücken. Sein turmartiger Anbau, in dem sich die Cocktailbar befindet, verbessert die Aussichtsposition noch einmal um elf Stockwerke. Wer auf der oberen Galerie der Turmbar Platz nimmt, hat einen perfekten Rundumblick über ganz Hamburg. Außerdem kann man von oben dem Barkeeper beim Rühren und Schütteln zusehen. Aber das fasziniert meist nur so lange, bis die bestellten Cocktails vor einem stehen. Denn an dem Blick nach draußen kann man sich kaum sattsehen. Dafür sorgt allein der rege Schiffsverkehr auf der Elbe: Containerfrachter werden von Schleppern um die Kurve gewuchtet. Ein Kreuzfahrtschiff verabschiedet sich unter Getute von der Hansestadt. Fähren bringen Musicalbesucher zum gelb leuchtenden „König der Löwen"-Zelt auf der anderen Elbseite. Und um den Verkehr herum kurven geschäftig die regulären Hafenfähren. Zur anderen Seite bietet Hamburg auf einmal ein ungewohntes Bild. Das Bismarckdenkmal, unten meist durch Bäume den Blicken entzogen, ragt auf einmal wuchtig und unübersehbar in die Höhe. Seltsam, dem ehemaligen Reichskanzler plötzlich in die Augen zu sehen!

Wer erleben will, wie die Sonne hinter den Kränen des Containerhafens untergeht und nach und nach die Lichter der Stadt aufflammen, der tut je nach Jahreszeit gut daran, einen Tisch in der Cocktailbar zu reservieren: Zur täglichen Happy Hour zwischen 18 und 19 Uhr kann es nämlich voll werden.

Nicht nur der Aufstieg in luftige Höhen verschafft einem in Hamburg den Überblick, sondern auch ein Abstieg: Direkt an den Landungsbrücken befindet sich der Eingang zum **alten Elbtunnel.** Wer hier in die Tiefe taucht und auf der anderen Seite wieder hinaufkommt, gelangt zu einer kleinen **Aussichtsplattform,** die einen wunderbaren Blick auf das Panorama von Stadt, Landungsbrücken und Schiffen bietet. Auch der Tunnel selbst ist eine Sehenswürdigkeit. Eröffnet wurde er 1911 quasi als soziale Verkehrsmaßnahme: Er sollte den Hafenarbeitern auch bei Schlechtwetter ermöglichen, pünktlich zur Arbeit zu kommen, damit sie keine Lohnabschläge hinnehmen mussten. Da sich heute die großen Verkehrsströme längst durch den neuen Elbtunnel weiter westlich quälen, ist es im „alten" stiller geworden. Und das, obwohl immer noch Autos die großen Aufzüge nutzen, die ursprünglich für Kutschen vorgesehen waren. Meist aber haben die Fußgänger beide Tunnelröhren für sich. Sie können gemächlich schlendernd die Fliesen bewundern, die hier die Wände zieren und das Leben an und in der Elbe zeigen: Aale, Flundern, aber auch Ratten sind auf den Keramikreliefs abgebildet. So genau wollte man das nun auch wieder nicht wissen ...

Auf der anderen Seite der Elbe

Tower Bar
Hotel Hafen Hamburg
Seewartenstraße 9
20459 Hamburg
Tel. (040) 31 11 3-704 50
So–Mi 18–2 Uhr
Do–Sa 18–2.30 Uhr
www.hotel-hafen-hamburg.de/landungsbruecken_tower_bar_cocktail.aspx

▶ Seele baumeln lassen
▶ Schöne Aussicht
▶ Parks/Natur
▶ Am Wasser
▶ **Historische Gebäude**
▶ Stadtteil
▶ Szene
▶ Sport/Wellness
▶ **Mit Kindern**

Anfahrt
U-Bahnhof Hallerstraße

Museum für Völkerkunde
Rothenbaumchaussee 64
20148 Hamburg
Tel. (040) 428 87 90
Di–So 10–18 Uhr
Do 10–21 Uhr
Eintritt 7 € / 3 €
www.voelkerkundemuseum.com

Im Teehaus lässt sich traditionell aufgebrühter chinesischer Tee genießen

Museum für Völkerkunde, Chinesischer Garten

In 80 Minuten um die Erde

Wann hat man schon einmal das Glück, auf der Veranda eines Prinzen Platz nehmen zu dürfen? Im **Museum für Völkerkunde** wird man ausdrücklich dazu eingeladen: Man streift sich nach Landessitte die Schuhe ab und macht es sich unter dem Vordach des balinesischen Prinzenhauses aus dem 19. Jahrhundert bequem. Die gedämpfte Beleuchtung im **Bali-Raum** des Museums versetzt in die gelassene Stimmung eines Urlaubsabends. Gelegentlich fällt der Blick auf eine Maske oder ein besticktes Seidengewand in einer der Vitrinen, aber eigentlich möchte man gar nicht so genau wissen, was das Schildchen über Herkunft und Material zu sagen hat. Die leuchtenden Farben reichen, um dem Traum von der Insel Nahrung zu geben.

Wer irgendwann wieder daraus erwacht, auf den warten im Museum noch jede Menge weitere Entdeckungen aus den verschiedensten Winkeln der Erde. Wer sich für den altägyptischen Totenkult interessiert, der wird gleich in die Rolle eines Archäologen versetzt. Treppen geht es hinunter, Gänge entlang – und im Innern der „Grabkammer" steht der bemalte Sarkophag. Und ja, eine echte Mumie liegt auch darin. Ganz nebenbei hat man auf dem Weg dorthin eine Menge über Grabbeigaben und die Kunst der Einbalsamierung gelernt. Der Schritt in den **Afrikaraum** versetzt gleich darauf in eine Welt der Masken und Kultgegenstände. Und die **Europa-Abteilung** lädt ein, die eigene Welt einmal aus der Distanz des Ethnologen zu betrachten.

Bei aller Faszination für bayerische Schabmadonnen und goldenen Inkaschmuck: Versäumen Sie nicht, gelegentlich den Kopf zu heben! Schon das Gebäude selbst ist mehr als einen bewundernden Blick wert. Erbaut 1908 bis 1912 von Albert Erbe, öffnete es den Hamburgern mit seiner säulengeschmückten Eingangshalle ein äußerst prächtiges Tor zur Welt. Kein Zufall – schließlich ist die Geschichte der Sammlung aufs Engste mit

dem Fernhandel verknüpft. Hamburger Kaufleute brachten die ersten Artefakte von ihren Handelsreisen in ferne Länder zurück, und so sollte der Museumsbau auch den Wohlstand und die Weltläufigkeit der Stadt repräsentieren. Jeden Donnerstag verwandelt sich übrigens der **Kuppelraum** im ersten Stock in einen Tanzsaal. Die gedehnten Klänge des Bandoneons geben den Tango-Ton an, und die Schatten der Tanzenden streifen die Einbäume, die an den Wänden hängen. Südsee meets Argentinien: eine kulturelle Reise um die Welt.

Wer um das Museum herumgeht, entdeckt dahinter einen **chinesischen Wassergarten:** steinerne Brücken führen im Zickzack über Wasserbecken hinweg, in dem sich Goldfische tummeln. Eher ein Stein- denn ein Pflanzengarten, ist die Anlage dem berühmten Yu-Garten in Shanghai nachempfunden. Mit dem Museum hat sie nichts zu tun, sondern ist ein Geschenk von Hamburgs Partnerstadt Shanghai. Ein Restaurant und ein Teehaus gehören dazu, die ebenfalls berühmte Vorbilder in China haben. Wer sich im **Teehaus** einen Tee bestellt, kann Stunden auf der Terrasse zubringen und dem Plätschern des Wassers zuhören. Der grüne Tee wird derweil immer wieder aufgegossen.

Zu Gast im balinesischen Prinzenhaus

Tangoball im Museum
Do 21.30–1 Uhr
Eintritt 4 €
Informationen: Tango Gotan
Tel. (040) 851 39 66
www.tango-gotan.de

Chinesisches Teehaus
im Shanghai Yu Garden
Feldbrunnenstraße 67
20148 Hamburg
Tel. (040) 416 22 69 88
Mo–Fr 11.30–18.30 Uhr
Sa/So 11.30–19.30 Uhr
www.yugarden.de

33
Eimsbüttel

- ▶ Seele baumeln lassen
- ▶ Schöne Aussicht
- ▶ Parks/Natur
- ▶ Am Wasser
- ▶ Historische Gebäude
- ▶ Stadtteil
- ▶ Szene
- ▶ Sport/Wellness
- ▶ Mit Kindern

Anfahrt
U-Bahnhof Christuskirche

Immer am Kanal entlang geht es – und auch einmal darüber

Kaifu, Weiherpark, Isemarkt

Immer am Kanal entlang

Eimsbüttel hat irgendwie etwas Normales. Der Stadtteil ist ein bisschen schick, aber nicht zu sehr; ein bisschen bodenständig, aber nicht zu miefig. Ziemlich dicht besiedelt – aber von einem breiten Streifen Grün und Wasser durchzogen, der einen ausgedehnten Spaziergang lohnt. Wer an einem Dienstag- oder Freitagvormittag unterwegs ist, sollte am Ende den Sprung nach Harvestehude wagen, um über den beliebtesten und bekanntesten Hamburger Markt zu schlendern, den Isemarkt.

Dicht bei der Christuskirche startet die kleine Wanderung am **Kaifu** entlang. Ach ja: Bei Kaifu handelt es sich nicht um eine ostasiatische Kampfkunst, sondern um das Kaiser-Friedrich-Ufer. So heißt das Ufer des **Isebekkanals,** der Eimsbüttel und Harvestehude durchzieht. Und dass der Isebekkanal so genannt wird, ist eigentlich doppelt gemoppelt, denn „Bek" oder „Beck" ist auch nichts anderes als ein Gewässer. Aber genug der Nomenklatur und auf zum Spaziergang.

Gleich am Anfang kommt man am **Freibad**

Kaifu vorbei – im Sommer nicht zu überhören, wenn es platscht und spritzt. Nein, gebadet wird nicht im Kanal. Dazu lädt das undurchsichtig grüne Wasser nicht gerade ein. Davon wiederum lässt sich überraschenderweise der ein oder andere Angler nicht abschrecken. Und die zahlreichen tierischen Kanalbewohner natürlich auch nicht. Nicht nur Enten und Schwäne, auch Haubentaucher kann man hier beobachten, die ihren Nachwuchs auf dem Rücken spazieren führen.

Irgendwann im Laufe des Spaziergangs weitet sich der grüne Uferstreifen zu einem etwas breiteren Park mit großem Kinderspielplatz. Aber die bevorzugte Marschrichtung ist weiterhin geradeaus, immer am Ufer entlang. Sobald der Uferweg auf die Hoheluftchaussee stößt, trennen sich die Wege: Wer den Isemarkt (▸ Seite 98) besuchen möchte, überquert hier die Straße und orientiert sich ab jetzt an den Hochbahngleisen, die auf Stelzen verlaufen.

Alle, die dem Kaifu treu bleiben möchten, überqueren die **Hoheluftbrücke** und laufen auf der anderen Kanalseite zurück, die noch einmal ein paar gemütliche Bänke und stille Plätze unter Bäumen zu bieten hat. Auf dieser Seite endet der Weg allerdings etwas früher als auf der anderen. Macht

nichts: Es gibt in der Nähe noch einen weiteren Park zu entdecken, den man über die Bismarck- und Goebenstraße erreicht. Er liegt direkt hinter der stark befahrenen Straße, die vollkommen unpassend Im Gehölz heißt.

Café im Park
Park „Am Weiher"
Im Gehölz
20255 Hamburg

Bei dem Park allerdings gibt es keine Namensüberraschungen: Seine Spazierwege führen rund um einen Weiher, und entsprechend wird er **Park am Weiher** genannt. Für seine geringe Größe hat er jede Menge hübscher Ecken (oder besser: Rundungen) zu bieten. Im Frühjahr sind die Wiesen von Krokussen übersät, und im Sommer lassen die Trauerweiden ihre Vorhänge aus Blättern und Zweigen malerisch ins Wasser hängen. Besonders populär ist der Park bei Eltern und ihren Kindern: Die Kinder lieben den Wipp-Marienkäfer, Mama oder Papa den Latte macchiato, der in der zum Café umgestalteten ehemaligen Bedürfnisanstalt serviert wird.

Café Deike
Lutterothstraße 5
20255 Hamburg
Tel. (040) 39 87 79 20
Di–Fr 14–23 Uhr
Sa/So 14–19 Uhr
www.deikes.de

Wer seinen Kaffee allerdings nicht mit dem Lärm einer Durchgangsstraße im Rücken trinken möchte, der braucht nur wenige Schritte weiter zu gehen. Das **Café Deike** wirkt wie einem der Aquarelle des schwedischen Malers Carl Larsson entsprungen: skandinavisch-hell, auf altmodische Weise gemütlich. Auf Wunsch stellt der Besitzer das Selbstspielklavier an. Und dem Apfelkuchen ist nichts hinzuzusetzen. Außer vielleicht einem Klecks Sahne.

Am Isebekkanal

Zurück zur Hoheluftchaussee und zu denjenigen, die sich für einen Besuch des **Isemarkts** entschieden haben: Der Markt findet immer dienstags und freitags von 8.30 bis 14 Uhr statt und ist so beliebt, dass in Hamburg angeblich nicht selten Urlaubsanträge für Dienstage oder Freitage eingereicht werden, um ihn mal wieder zu besuchen. Zwischen den U-Bahnhöfen Hoheluftbrücke und Eppendorfer Baum stehen dicht an dicht Stände und Wagen in einer langen Doppelreihe unter den Gleisbrücken. Draußen und trotzdem mit Dach über dem Kopf – selbst bei Schmuddelwetter macht das Einkaufen hier Spaß. Wahlweise auch nur das Bummeln, Probieren – und Staunen. Denn das Angebot erschöpft sich keineswegs in Kohl, Kartoffeln und Kabeljau. Wer dem genuss-

vollen Leben zuneigt, kann hier handgemachte Trüffel erstehen, französische Pasteten oder kalt gerührte Himbeermarmelade. Handfest kommen die Besen und Bürsten daher, skurril die Patent-Apfelschälmaschine und verführerisch die bestickten Seidenschals. Vor Pingels traditionellem Bonbonstand drängen sich die Stammkunden, um ihre Wochenration Cremehütchen und Salmi-Lollis zu erstehen, während an anderer Stelle ein Marktschreier mit rollendem R und nicht nachlassendem Enthusiasmus Käufer anzulocken versucht. Große Stände gibt es, die von Aal bis Zander oder von Ananas bis Zuckerschoten einfach alles anbieten. Dazwischen stehen Winzlinge, die nichts als Vanilleschoten oder wenige Sorten französischen Käse im Sortiment haben. Zum zielstrebigen Einkaufen ist der Isemarkt nichts. Dazu ist er zu unübersichtlich, das Angebot zu breit, ja, und ein bisschen teurer ist er auch. Aber es gibt nichts Schöneres, als sich treiben zu lassen, von einer Duftwolke in die nächste zu tauchen, hier und dort ein Stückchen Schinken oder einen exotischen Honig zu probieren. Und wenn man dann Dinge kauft, von denen man nicht einmal ahnte, dass man sie brauchen könnte – dann ist man in bester Gesellschaft mit vielen anderen Besuchern.

Dienstags und freitags unter der Hochbahn: Isemarkt

Isemarkt
Di, Fr 8.30–14 Uhr

- Seele baumeln lassen
- Schöne Aussicht
- Parks/Natur
- Am Wasser
- **Historische Gebäude**
- **Stadtteil**
- **Szene**
- Sport/Wellness
- **Mit Kindern**

Anfahrt
S-Bahnhof Sternschanze
U-Bahnhof Feldstraße

Schanzenflohmarkt
rund um die alte Rinderschlachthalle
Neuer Kamp 30
20357 Hamburg
jeden Sa 8–16 Uhr

1001 Nacht Café-Bar
Sternstraße 4
20357 Hamburg
Tel. (040) 43 91 09 44
So–Do 17–24 Uhr
Fr, Sa 16–2 Uhr
www.1001nacht-cafe-bar.de

Schanzenviertel

Mitten im prallen Leben

Samstagvormittag an der alten Rinderschlachthalle: Flohmarktstände drängen sich dicht an dicht. Gewiefte Händler verkaufen Omas 60er-Jahre-Lampe an Studenten, die sie „stylisch" finden. Silberbesteck aus alten Hotelbeständen wandert in Rucksäcke und von dort in WG-Küchen, daneben wird das soeben geklaute Fahrrad durch ein neues altes ersetzt. Dazwischen Kinderklamotten, Kuckucksuhren und Knackwürste. Und viele, viele Menschen. Das **Schanzenviertel,** an dessen Rand der Flohmarkt liegt, ist laut, ein wenig verliebt in die eigene Schrägheit und Hipness, mit einem jungen Publikum, das ebenfalls in die eigene Hipness verliebt ist. Hierher kommt man, um sich im Strom treiben zu lassen, das Bunte und das Lebendige zu genießen. Aber es wäre falsch, das Viertel darauf zu reduzieren. Natürlich gibt es auch ruhige Winkel. Und da man das Quirlige in der Regel von selbst, das Stille aber nicht so ohne Weiteres findet, sollen hier ein paar dieser ruhigen Eckchen vorgestellt werden.

Die erste liegt direkt an der alten Rinderschlachthalle: das **Café 1001 Nacht.** Nicht nur der Name, auch die Inneneinrichtung bestätigt alle Klischees von Orientromantik: wenn bei schönem Wetter Teppiche und Sitzkissen draußen liegen, ein wunderbarer Ort, um den hektischen Flohmarkt-Basar hinter sich zu lassen. Ein Tamarindensaft oder eine Limonade aus Minze und Limetten beruhigen das Herzklopfen nach der Schnäppchenjagd. Und wenn sich der Rauch einer Wasserpfeife unter dem Sonnenschirm sammelt, dehnt sich die Zeit auf geradezu orientalische Weise.

Zeit, um vielleicht etwas über die Vergangenheit des Schanzenviertels zu erfahren: Bis ins 19. Jahrhundert gab es hier nur eine sternförmige Befestigungsanlage mitten im Grünen: die namengebende Sternschanze. Mit der Industrialisierung entwickelte sich das Schanzenviertel zu einem klassischen Arbeiterbezirk: Die Arbeiter wohnten dicht an dicht in gründerzeitlichen Wohnsilos und

verbrachten den Tag in den Fabriken und Gewerbebetrieben gleich nebenan. Die alte Rinderschlachthalle ist ein Überbleibsel dieser Welt der Arbeit.

Flohmarkt vor der alten Rinderschlachthalle

Wie sich das einstige Kleine-Leute-Quartier in ein Idyll verwandelt hat, kann man in der kleinen Sackgasse sehen, die gegenüber der Rinderschlachthalle von der Sternstraße abgeht. Hier und in den parallelen Durchgängen **Beckstraße** und **Augustenpassage** wurden Ende des 19. Jahrhunderts Terrassenhäuser gebaut: dicht gesetzte Reihen-Mehrfamilienhäuser, die enge Straßen säumten. Heute sind die Höfe grün, Windräder drehen sich zwischen Blumen, auf zusammengewürfelten Stühlen sitzen die Bewohner draußen, halten einen Klönschnack und beobachten mit einem Auge ein paar Kinder, die Fahrrad fahren lernen.

Von der Rinderschlachthalle, die bereits an der Grenze zum Karoviertel steht, gelangt man durch die Beckstraße und die Straße Neuer Pferdemarkt ins Herz des Schanzenviertels: zum **Schulterblatt.** Diese Straße, benannt nach dem Schulterblatt eines Wals, das in früheren Zeiten einer Kneipe als Schild diente, ist so etwas wie die

Blumenpracht auf dem Flohmarkt, gegenüber der alten Schlachthalle

Hauptstraße des kleinen Viertels. Nach strenger Lehre gehört zum Schanzenviertel nämlich nur das kleine Dreieck, das von Schulterblatt, Schanzenstraße und Altonaer Straße begrenzt wird. In den letzten Jahren ist hier eine trubelige Szene von Studenten und Irgendwas-mit-Medien-Machern entstanden, und das Gesicht der Straßen hat sich entsprechend verändert. Verschwunden sind fast alle türkischen Gemüseläden und Metzger, verschwunden fast alle alteingesessenen Läden und Eckkneipen mit verstaubten Blattpflanzen im spitzengardinenbehängten Fenster. Stattdessen flaniert man nun an Cafés und Modeläden vorbei. Früher oder später gelangt man dabei unweigerlich dorthin, wo sich Schanzenvergangenheit und -gegenwart direkt gegenüberliegen. Auf der einen Seite ist durch Straßenverengung eine **Piazza** entstanden, auf der gut gelaunte Menschen ihren Galão, portugiesischen Milchkaffee, trinken. Auf der anderen Seite stehen die Überreste eines traditionsreichen Varietétheaters. Das ehemalige Flora-Theater heißt **Rote Flora,** seit es die Hamburger linksautonome Szene beherbergt. Deshalb blicken die Kaffeetrinker, die Hackysack-Spieler und Reggae-Jamsessionisten gegenüber auf Transparente, die ein Ende der Gentrifizierung des Schanzenviertels fordern. Angesprochen scheinen sie sich nicht zu fühlen. Auch unter der Woche herrscht hier ausgelassene Hitzefrei-Stimmung.

Schlüpft man in einen kleinen Durchgang neben dem Käseladen auf dem Schulterblatt, eröffnet sich überraschend ein kleines Stück Hinterhofgrün mit einem Kinderspielplatz. Der Durchgang führt zur Bartelsstraße, in der ein weiterer ruhender Pol im rauschenden Schanzenleben liegt: der **Schanzenstern.**

Das Gästehaus mit Bio-Restaurant bewohnt die ehemalige Füllfederfabrik Montblanc, genau wie die Volkshochschule und das Kino 3001. Die Gebäude, in denen 1910 die Produktion von Goldfedern aufgenommen wurde, umschließen einen ruhigen Hinterhof. Lichterketten mit bunten Glühbirnen erinnern auf rührende Art und Weise an Schrebergartenromantik der 1980er-Jahre – und verbreiten genau wie damals Sommerabendstimmung. Man genießt sie am besten an einem der Biergartentische des Schanzenstern, zum Beispiel bei dem wunderbaren Bauernfrühstück oder einem der riesigen und immer leckeren Salate.

Schanzenstern GmbH
Bartelsstraße 12
20357 Hamburg
Tel. (040) 43 29 04 09
Mo 15–1 Uhr
Di–Sa 10.30–1 Uhr
So 11–24 Uhr
Sonntagsbrunch
11–14.30 Uhr
www.schanzenstern.de
Sonntags-Bio-Brunch mit einer riesigen Auswahl hausgemachter Salate, Dips und Aufstriche

Möchte man sich nach der Einkehr die Beine ein wenig im Grünen vertreten, kommt der **Sternschanzenpark** gerade richtig. Er wurde im 19. Jahrhundert anstelle der Bastion Sternschanze angelegt und wird von einem Wasserturm (erbaut 1907–10) überragt, der heute ein Luxushotel beherbergt. Trotz seiner eher bescheidenen Größe wird der Park von den Bewohnern der angrenzenden Viertel heiß geliebt. Der schönste Teil des Sternschanzenparks liegt am Ende, wo er zwischen Schröderstiftstraße und Bahngeleisen spitz zuläuft. Hier trifft man auf eine wirkliche Stadtoase: ein lang gestrecktes Holzhaus, das nicht zufällig ein bisschen skandinavisch wirkt. Es kam 1952 als Geschenk nach Hamburg. Absender war ein norwegischer Verein, der den Kindern im Nachkriegshamburg helfen wollte: mit einer Kindertagesstätte im Grünen. Heute beherbergt der Nachfolger dieses Holzhauses das **Café- und Culturhaus SternChance.** Völkerverständigung steht dabei immer noch im Zentrum und damit gelebtes Multikulti in einem bunten Stadtteil. Eine große Palette von Kursen und Veranstaltungen wird angeboten: von brasilianischem und senegalesischem Tanz über Müttertreffs, Lesungen mit rumänischer Prosa und Swingabenden. Den Hauptanziehungspunkt bildet aber das Café mit seiner idyllischen Holzterrasse. Von dort aus können Eltern beim Kaffeetrinken den großen Spielplatz im Blick behalten, der ihre Kinder stundenlang beschäftigt. Auch wenn man ohne Kinder kommt: Dies ist ein Ort, um lange sitzen zu bleiben.

Culturhaus und Café SternChance
Schröderstiftstraße 7
20146 Hamburg
Tel. (040) 430 11 68
Öffnungszeiten Café:
Mo–Fr 11–24 Uhr
Sa/So 10–23 Uhr
www.sternchance.de

35 Altona

- ▶ Seele baumeln lassen
- ▶ Schöne Aussicht
- ▶ Parks/Natur
- ▶ Am Wasser
- ▶ Historische Gebäude
- ▶ Stadtteil
- ▶ Szene
- ▶ Sport/Wellness
- ▶ Mit Kindern

Anfahrt
Bus 20, 25, 15, 183, 283, Haltestelle Max-Brauer-Allee Mitte

Elfen im Park
Termine der Theateraufführungen unter www.elfenimpark.de

Im Park finden sich noch alte Grabsteine

Wohlers Park, Kirche der Stille

Wo im Sommer Elfen spielen

Ein ehemaliger Friedhof und eine ehemalige Gemeindekirche: Sie liegen nur wenige Hundert Meter auseinander, und beide bieten in den eng bebauten Vierteln von St. Pauli und Altona-Altstadt Zuflucht vor Straßenlärm und Großstadthektik. Romantische Winkel findet man im Wohlers Park, meditativ geht es in der Kirche der Stille zu.

Eigentlich heißt die Grünanlage zwischen Wohlersallee und Max-Brauer-Allee ja „Friedhof Norderreihe". Verwitterte Grabsteine erinnern daran, dass hier über hundert Jahre lang Begräbnisse stattfanden. Nachdem der Friedhof im Zweiten Weltkrieg durch Bomben stark zerstört und danach von den Anwohnern als Kartoffelacker genutzt wurde, stellte man ihn allerdings nicht in seiner ursprünglichen Funktion wieder her. Stattdessen wurde er zu einem Park umgebaut.

Man braucht keine drei Schritte, um zu verstehen, warum er im Stadtteil so heiß geliebt wird: Offen und luftig wirkt er mit seinen symmetrischen kleinen Alleen und Rasenflächen. Trotzdem kann man seine Decke in so manchem stillen Winkel ausbreiten und in die Kronen der alten Bäume schauen. Denn das ist das Erstaunlichste am **Wohlers Park:** Obwohl er als eine der wenigen grünen Oasen in der Umgebung von so vielen Menschen genutzt wird, strahlt er immer noch Ruhe aus. Tai-Chi-Jünger und Jogger führen hier eine friedliche Koexistenz. Ein Kleinkind benutzt ein Hochgrab, um sich in den noch wackligen Stand hochzuziehen, gänzlich unbeeindruckt von dem Frisbeespiel, das ein Stück weiter stattfindet. Von der Turmuhr der benachbarten Johanniskirche erklingt gelegentliches Glockengeläute.

Die romantischste Stunde des Parks schlägt aber, wenn er an einigen Abenden im Sommer zur Theaterbühne wird. Fans und Eingeweihte erscheinen frühzeitig mit Picknickdecke und Campingstühlen, die sie um das Rondell in der Mitte

Der Wohlers Park war bis zum Zweiten Weltkrieg ein Friedhof

des Parks aufschlagen. Mit Einbruch der Dämmerung flammen Kerzen und Lampions auf, und zwischen Bäumen und Hecken erscheinen Mozarts Figaro im Rokokokostüm oder Paare, die sich mit Shakespeares Worten in Liebesverwicklungen stürzen. Seit 2001 veranstaltet das Ensemble „Elfen im Park“ diese Theaterabende unter freiem Himmel, finanziert auf Spendenbasis nach dem Motto: „Zahle, soviel du kannst.“

Genau wie der Friedhof erfuhr auch die Christophoruskirche an der Helenenstraße eine Umwidmung. Allerdings ist das noch nicht ganz so lange her. Nachdem das Gebäude durch Gemeindezusammenlegungen nicht mehr für Sonntagsgottesdienste benötigt wurde, schuf man hier 2008 eine Oase der Ruhe: die **Kirche der Stille.** Wenig lenkt in dem weißen Raum von der inneren Einkehr ab, denn die Bestuhlung wurde entfernt und durch Kissen und Meditationsbänkchen ersetzt. Es gibt wenig Orte, an denen man einfach der Stille lauschen kann. Hier ist es möglich.

Kirche der Stille
Helenenstraße 14A
22765 Hamburg
Tel. (040) 43 43 34
Geöffnet Mo–Fr 12–18 Uhr, zusätzlich Meditationsangebote und Gottesdienste
www.kirche-der-stille.de

36
Ottensen

- ▸ Seele baumeln lassen
- ▸ Schöne Aussicht
- ▸ Parks/Natur
- ▸ Am Wasser
- ▸ Historische Gebäude
- ▸ Stadtteil
- ▸ Szene
- ▸ Sport/Wellness
- ▸ Mit Kindern

Anfahrt
S-Bahnhof Altona

Markt auf dem Spritzenplatz
Wochenmarkt:
Di 8–13 Uhr
Fr 8–18.30 Uhr
Ökomarkt:
Mi 15–18.30 Uhr
Sa 9.30–15 Uhr

Die Hühner zur Twiete

Ottensen: Stadtspaziergang

Ein Dorf in der Stadt

Nur einen kleinen Schritt abseits des Gewusels, das Ottensen prägt, liegt die **Mottenburger Twiete.** Ruhig ist sie, und gerade so lang, dass fünf Platanen ausreichen, um ihr Schatten zu spenden. Auch wenn in den Bäumen gerne Spatzen herumhüpfen, hat der Name „Twiete" mit Gezwitscher nichts zu tun, sondern leitet sich von „zwei" ab. Eine Twiete ist ein kleiner Verbindungsweg zwischen zwei Grundstücken oder Straßen.

Zum Glück beschränkt sich der Durchgangsverkehr auf der Mottenburger Twiete auf Fußgänger. So kann man in Ruhe unter den Sonnenschirmen des italienischen **Restaurants Marilù** Platz nehmen und bei einem Teller Pasta direkt hinüberblicken auf das lebendige Zentrum Ottensens: den Spritzenplatz.

Auf dem **Spritzenplatz** werden viermal in der Woche Marktstände aufgebaut. Apfelsorten mit klangvollen Namen wie Ingrid-Marie oder Finkenwerder Herbstprinz warten auf Käufer, Kräuter verströmen bundweise ihren Duft, und in der Schlange vor dem Wagen des Biometzgers entspinnt sich der eine oder andere Plausch. Man kennt sich.

Ottensen ist in gewisser Hinsicht immer noch ein Dorf, auch wenn die idyllischen Zeiten der ländlichen Wiesen und Wäldchen schon etwas länger vorbei sind. Verwinkelte, teilweise enge Straßen erzählen davon, dass sich das Bauerndorf im 19. Jahrhundert rasch und relativ ungeordnet zu einem Industriestandort entwickelte. Geblieben ist aus dieser Vergangenheit – vermutlich – der Spitzname „Mottenburg": Sowohl die Arbeiter in der Glasindustrie als auch die Zigarrendreher bekamen nämlich durch die schlimmen Arbeits- und Wohnbedingungen häufig „Motten auf die Lunge" – Tuberkulose.

Für viele Fabriken und Werkstätten wurden inzwischen neue Nutzungsmöglichkeiten gefunden. Bei einem Bummel kommt man früher oder später an einigen von ihnen vorbei: an der **Fabrik** in der

In der Mottenburger Hühnertwiete

Barnerstraße zum Beispiel, in der früher Holzbearbeitungsmaschinen hergestellt wurden und nun Konzerte stattfinden. An den **Zeisehallen** in der Friedensallee: einst Schiffsschraubenfabrik, heute eine kleine Passage mit Kino, Restaurant und einigen Läden. Oder an dem Stadtteilzentrum **Motte** (Ecke Eulerstraße/Rothestraße): Es bietet Tangokurse und offene Werkstätten für jedermann, etwa für Holz- oder Keramikarbeiten. Gewerkelt wird in Räumen, in denen früher Tabakwaren hergestellt und Därme für Wurstwaren gelagert wurden.

Hinter der „Motte“ kann man übrigens noch ein kleines Stückchen Dorf entdecken: In der **Mottenburger Hühnertwiete,** einem etwas versteckten Durchgang zwischen der Rothestraße und Am Pflug, bestaunen sich ein paar Hühner und Stadtkinder gegenseitig.

Ansonsten spielt die Musik des Stadtteils an der Ottenser Hauptstraße; meist die erste Straße, auf die man trifft, wenn man nach Ottensen kommt – nimmt sie ihren Anfang doch direkt am Altonaer Bahnhof. Die **Ottenser Hauptstraße** ist der Ausgangspunkt für einen ausführlichen Shopping- und Cafébummel. Und dass hier die Musik spielt,

Motte e. V.
Eulenstraße 43
22765 Hamburg
Tel. (040) 39 92 62-0

Ristorante Marilù
Bahrenfelder Straße 67
22765 Hamburg
Tel. (040) 88 17 54 75
www.ristorante-marilu.de

Bonscheladen
Friedensallee 12
22765 Hamburg
Tel. (040) 41 54 75 67
Di–Fr 11–18.30 Uhr
Sa 11–16 Uhr
www.bonscheladen.de

Café Ribatejo
Bahrenfelder Str. 56
22765 Hamburg
Tel. (040) 41 28 79 11
www.ribatejo.de

Café Schmidt
Große Rainstraße15
22765 Hamburg
Tel. (040) 67 38 84 89
Mo–So 10–20 Uhr

Brasserie La Provence
Eulenstraße 42
22765 Hamburg
Tel. (040) 30 60 34 07
Di–Sa ab18 Uhr
www.brasserielaprovence.de

ist durchaus wörtlich zu verstehen: In ihrem unteren Teil zum Bahnhof hin erfreut alle paar Meter ein anderer Straßenmusiker die Passanten.

Die interessanteren Läden finden sich weiter oben, wo die Fußgängerzone zu Ende ist. Was nicht heißt, dass der Verkehr den Shoppingbummel sonderlich beeinträchtigt. Autofahrern bleibt hier wenig anderes übrig, als sich der Macht des Faktischen zu beugen und zu bremsen, wenn Passanten gemächlich auf die andere Straßenseite schlendern.

Wer sich die Zeit nimmt und auch die umgebenden Straßen durchstreift, darf sich nicht wundern, wenn er nachher mit leerem Geldbeutel dasteht. Wenn man nicht aufpasst, füllen sich Tüten und Taschen mit Second-hand-Kleidung und Designerlampen, Hightech-Küchenreiben und Schweizer Nussstängli, Gesundheitsschuhen und italienischer Pasta.

Wer übrigens gegen halb vier am **Bonscheladen** in der Friedensallee vorbeikommt, kann dort zusehen, wie Lutschbonbons von Hand gezogen werden. Mit etwas Glück wird dabei das Geheimnis gelüftet, wie die kleinen Anker ins „Bonsche“

Es grünt so grün in Ottensen

(hamburgisch für Bonbon) kommen. Die Betreiber des Bonscheladens sind keinesfalls alte Hasen im Geschäft mit den süßen Leckereien. Die Idee zur Selbstständigkeit kam der Erzieherin und dem Diplom-Pädagogen beim Besuch einer Bonbonmanufaktur in Dänemarkt. Nach vielen „Bonbonstudien" am heimischen Herd wurde der Bonscheladen 2005 eröffnet.

Gut, dass sich in Ottensen niemand beim Shoppen über Gebühr verausgaben muss – Möglichkeiten, zwischendurch eine Pause einzulegen, gibt es zuhauf. So halten es die „Mottenburger" selbst schließlich auch. Samstags trifft man sie zum Beispiel zwischen Marktbesuch und Elbspaziergang vor der Tür des **Café Ribatejo.** Dort stehen sie grüppchenweise in der Sonne, schlürfen ihren Galão (portugiesischen Milchkaffee) und knabbern dazu die beliebten Pastéis de nata, Vanillecremetörtchen.

Wer von denen in Hamburg bereits zu viele gegessen hat, der probiert in der **Konditorei Schmidt** eines der dekadent guten Tortenstücke: Da tanzen schon mal Basilikum und Himbeere oder Mandel und Rosmarin auf der Zunge, und „Death by chocolate" ist der süßeste kleine Tod, den man sterben kann.

Wer „richtig" essen möchte, hat in Ottensen die Wahl zwischen Kulinarischem aus aller Welt. Im **La Provence** verbindet Gäste und Patron die Begeisterung für südfranzösische Küche. Das Restaurant hat beinahe Wohnzimmeratmosphäre, und man prostet sich auch schon mal von Tisch zu Tisch mit Rotwein zu.

Wer das „echt" Norddeutsche sucht, geht ins **FUH** – und erlebt dort womöglich die ein oder andere Überraschung. Denn was hier an Zutaten in die Küche wandert, stammt zwar aus dem Umland – was die Küche aber verlässt, bewegt sich keineswegs im Rahmen der Tradition, sondern ist frei interpretiert. Vegetarier haben hier übrigens gute Karten, denn fleisch- und fischlose Gerichte sind immer dabei.

Restaurant FUH
Fischers Allee 42
22763 Hamburg
Tel. (040) 39 00 566
Di–Sa 19–23 Uhr
www.restaurant-fuh.de

Weitere Gastro-Tipps:

LilliSu
Große Rainstraße 18
22765 Hamburg
Tel. (040) 390 24 91
Mo–Fr 9–19 Uhr
Sa–So 10–19 Uhr
www.lillisu.de
Schräg gegenüber des Café Schmidt. Hier schmeckt Biokuchen in skandinavischer Gemütlichkeit.

Café Sha
Daimlerstraße 12
22763 Hamburg
Tel. (040) 39 80 58 55
Mo–Fr 8.30–22 Uhr
Sa/So 10–22 Uhr
www.cafesha.de
Das Ambiente ist eine Mischung aus türkischer Deko und Schwimmhallenschick, in dem gigantisch Tortenstücke locken. Für geistige Nahrung sorgen Verse, die in die Tische geritzt sind.

Restaurant Kleine Brunnenstraße 1
Kleine Brunnenstraße 1
22765 Hamburg
Tel. (040) 39 90 77 72
Mo–Sa 12–15 und ab 18 Uhr
So ab 18 Uhr
www.kleine-brunnenstrasse.de
Mediterrane Küche in heimeliger Atmosphäre

37 Ottensen

- Seele baumeln lassen
- Schöne Aussicht
- Parks/Natur
- Am Wasser
- Historische Gebäude
- Stadtteil
- Szene
- Sport/Wellness
- Mit Kindern

Anfahrt
S-Bahnhof Altona

Camera obscura
des Altonaer Museums
Altonaer Balkon
Di–So 10–18 Uhr
Do bis 21 Uhr

Sonnenspiel auf den Fenstern des Dockland

Rund um den Altonaer Balkon

Mini-Urlaub auf Balkonien

Altonas schönster Balkon kommt ohne Geranienkästen aus. Dafür darf sich hier jeder eingeladen fühlen zum Sitzen, Schiffegucken und Seele-baumeln-Lassen. Der **Altonaer Balkon,** eine Parkterrasse auf dem hohen Elbhang, dient so manchem Ottenser als verlängertes Wohnzimmer im Grünen. Fast immer sitzt jemand mit Buch oder Zeitung auf einer der Bänke, erstaunlich ungerührt von der Aussicht. Dabei schwingt sich gegenüber die **Köhlbrandbrücke** über den gleichnamigen Wasserlauf – der eigentlich nichts anderes ist als die Süderelbe, die sich an dieser Stelle wieder mit der Norderelbe vereinigt. Vor diese Aussicht schiebt sich von Zeit zu Zeit ein Container- oder (mit etwas Glück) sogar ein Kreuzfahrtschiff und gleitet langsam vorüber. Entschleunigung. Ein kleines Urlaubsgefühl macht sich breit. Manchmal taucht ein Brautpaar auf, das sich gerade im Altonaer Rathaus das Ja-Wort gegeben hat. Dann knallen ein paar Korken, werden ein paar Fotos vor Hafenkulisse gemacht, und kurz darauf verschwindet die ganze Gesellschaft zur Feier. Um der nächsten Platz zu machen: An Freitagen im Sommer wird hier beinahe am Fließband geheiratet.

Übrigens lässt sich das Panorama auch auf dem Kopf bewundern: als „Lichtgemälde" in der **Camera obscura.** Dieser betretbare schwarze Kasten wurde vom Altonaer Museum aufgestellt und funktioniert nach dem Prinzip der Lochkamera: Durch ein Loch in der Vorderwand wird ein Bild aus grünen Baumwipfeln, Hafen und Himmel auf die Rückwand geworfen – umgedreht. Sobald es dämmert, verwandelt sich der Containerhafen gegenüber in ein Lichtermeer. Der rötliche Schein der Flutlichter ist in Hamburg weithin zu sehen. Bläulich angestrahlt werden nur die silbernen „Eier", die Faultürme der Hamburger Stadtentwässerung. Das sieht hübsch aus und lässt ihren profanen Zweck vergessen.

Wer vom Altonaer Balkon aus spazieren gehen möchte, hat die Wahl: Die Grünanlage setzt sich in

beide Richtungen fort. Links entdeckt man nach ein paar Schritten einen gemütlichen kleinen Biergarten, der – wenig überraschend – **Altonas Balkon** heißt. Hier trifft man sich nicht nur auf ein Bier, sondern auch auf selbst gebackenen Kuchen, Bio-Kaffee und einen Klönschnack.

Klassiker für den Sonnenuntergang: Dockland

Über eine Treppe gelangt man hinunter an die Elbe und in wenigen Schritten zu einem auffälligen Neubau: dem spitzwinklig-schrägen Bürokomplex **Dockland.** Mit etwas Glück findet man die Treppen geöffnet, die auf das Gebäude hinaufführen. In diesem Fall: Nichts wie hoch! Auf dem Gebäudeteil, der auf die Elbe hinausragt, darf man sich fühlen wie am Bug eines Ozeandampfers, der gerade zu großer Fahrt aufgebrochen ist. Unten ziehen die Hafenfähren ihre Bahnen, am Himmel die Möwen. Der Wind zerzaust einem das Haar, und man meint, das Meer schon riechen zu können. Wer danach Appetit auf Fisch bekommen hat: Im **Henssler & Henssler** an der Großen Elbstraße serviert TV-Koch Steffen Henssler zusammen mit seinem Vater japanisch Inspiriertes.

Biergarten Altonas Balkon
Palmaille 41
22767 Hamburg
Tel. (040) 54 80 66 90

Henssler & Henssler
Große Elbstraße 160
22767 Hamburg
Tel. (040) 38 69 90 00
www.hensslerhenssler.de

Ebenfalls in unmittelbarer Nähe zum Altonaer Balkon, aber etwas abseits vom Strom der Spaziergänger, liegt die barocke **Christianskirche.** Als sie 1738 fertiggestellt wurde, stand sie noch inmitten von Wiesen und Weiden im Dorf Ottensen. An diesem Landidyll fand auch der Dichter **Friedrich Gottlieb Klopstock** (1724–1803) Gefallen. Er kaufte auf dem neu angelegten Friedhof 1759 eine Grabstätte und ließ seine ein Jahr früher verstorbene Frau Meta, ebenfalls Dichterin, dorthin überführen. Auf ihrem Grab pflanzte er zwei Linden. Eine von ihnen beschirmt heute noch das Grab, in dem Klopstock 1803 beigesetzt wurde. 1821 folgte ihm seine zweite Frau Johanna Elisabeth nach. Die Inschrift auf dem Stein stammt von Klopstock selbst. Ein wunderbar ruhiger Ort, um einen Moment innezuhalten. Auch das barocke Kircheninnere mit dem über dem Taufstein schwebenden Engel lohnt einen Blick – leider ist es außer zu Gottesdiensten nur donnerstagnachmittags geöffnet.

Im 19. Jahrhundert entwickelte sich ein regelrechter Ausflugstourismus zum Grab des damals ungemein populären Klopstock. Das wiederum reizte einen anderen – angehenden – Poeten zu beißendem Spott:

> Als ich ging nach Ottensen hin
> Auf Klopstoks Grab gewesen ich bin.
> Viel schmucke und stattliche Menschen dort standen,
> Und den Leichenstein mit Blumen umwanden,
> Die lächelten sich einander an
> Und glaubten Wunders was sie gethan. –
> Ich aber stand beym heiligen Ort,
> Und stand so still und sprach kein Wort,
> Meine Seele war da unten tief
> Wo der heilige deutsche Sänger schlief: – –

Heine-Haus
Elbchaussee 31
22765 Hamburg
Informationen über das Altonaer Museum:
Tel. (040) 42 81 35-35 82
www.altonaermuseum.de

Heinrich oder, wie er eigentlich hieß, **Harry Heine** war gerade nach Hamburg gekommen, um in der Bank seines Onkels Salomon Heine „etwas Vernünftiges" zu lernen. Ein zum Scheitern verurteiltes Unterfangen, wie sich herausstellen sollte. Der Achtzehnjährige mokiert sich über die Hamburger Pfeffersäcke, verliebt sich in seine Cousine Amalie, dichtet – nur fürs Geschäft interessiert er sich nicht. So schnell es geht, kehrt er Hamburg

In der Christianskirche

wieder den Rücken. An den Dichter und seinen Onkel erinnert ein kleines Häuschen, nur ein paar Schritte von der Christianskirche entfernt. Es ist alles, was von der Villa des reichen Bankiers noch übrig ist. Heute finden in diesem ehemaligen Gartenhaus gelegentlich Veranstaltungen statt. Wer weiß, vielleicht saß hier der junge Harry und dichtete von blauen Augen und roten Lippen – immer seine Cousine im Sinn. Die seine Liebe allerdings nicht erwiderte.

Von hier aus lässt sich wunderbar ein **Spaziergang nach Övelgönne** anschließen (▸ Seite 114). Der Weg führt immer im Grünen entlang, denn die Parks etlicher nobler Herrenhäuser wurden an dieser Stelle zu einer öffentlichen Anlage verbunden. Zwischen den Bäumen blitzt immer wieder die Elbe auf. Wer die am Klopstock-Grab geweckten Gedanken über Dichtung, Liebe und Vergänglichkeit allerdings stilvoll bei einem Glas Wein vertiefen möchte, der findet nirgends einen passenderen Rahmen als in Hamburgs ältester **Weinstube Zur Traube.** Sie liegt nur ein paar Minuten entfernt in der kleinen Karl-Theodor-Straße. Die Gaststube im Erdgeschoss besitzt noch die Holzvertäfelung von 1919. Hier wird nicht nur Wein serviert, sondern auch französische Küche. Man sitzt in gemütlichen Nischen, und gelegentlich kommt ein Musiker herein und macht für ein Stündchen gedämpfte Musik.

Weinstube Zur Traube
Karl-Theodor-Straße 4
22765 Hamburg
Tel. (040) 39 90 82 36
Täglich ab 18 Uhr
Küche bis 23.30
www.zur-traube-hamburg.de

38 Othmarschen

- ▶ Seele baumeln lassen
- ▶ Schöne Aussicht
- ▶ Parks/Natur
- ▶ Am Wasser
- ▶ Historische Gebäude
- ▶ Stadtteil
- ▶ Szene
- ▶ Sport/Wellness
- ▶ Mit Kindern

Anfahrt

Bus 112, Haltestelle Neumühlen/Övelgönne

Ehemaliges Lotsenhäuschen

Övelgönne, Strandperle

Ferienstimmung

In **Övelgönne** beginnt der Strand. Hier kann man kilometerweit die Elbe entlanggehen, und eine Strandbar gibt es auch: die Strandperle, eine Hamburger Institution.

Ein guter Startpunkt für einen Spaziergang ist der **Museumshafen** von Övelgönne. Er liegt direkt neben dem hohen Turm des Seniorenstifts Augustinum, das dem einst an gleicher Stelle stehenden Union-Kühlhaus nachempfunden wurde. Beim Anblick der historischen Schiffe, die im Schatten dieses Gebäudes ihren letzten Liegeplatz gefunden haben, geraten Liebhaber in Verzückung. Aber auch für Normalsterbliche sind alte Schätzchen wie der Ewer Elfriede oder der Dampf-Eisbrecher Stettin einen näheren Blick wert.

Ein paar Schritte weiter stellt sich die entscheidende Frage: oben oder unten? Wer unten weitergeht, spaziert im Sand. Oben führt der Weg direkt zwischen **malerischen Häuschen** und ihren Gärten vorbei, aus denen es im Sommer nach Rosen duftet. Ein paar der Gebäude stammen noch aus dem 18. Jahrhundert. Sie boten ursprünglich den Lotsen ein Zuhause, die von hier aus Schiffe elbaufwärts an Sandbänken vorbei geleiteten. Doch bereits im 19. Jahrhundert mauserte sich die Gegend zum beliebten Erholungsort für die Hamburger, und repräsentativere Gebäude kamen hinzu. Hübsch sind sie allemal. Übrigens: Nicht erschrecken, wenn Sie beim Blick auf die Elbe einen Mann in scheinbar selbstmörderischer Absicht auf einer Tonne stehen sehen! Es handelt sich um eine **Holzskulptur** des Künstlers Stephan Balkenhol, die seit 1993 an dieser Stelle im Strom schwimmt. Stoisch steht der Mann da und blickt den Schiffen nach; unbeeindruckt von der – sicherlich beabsichtigten – Verwirrung, die er auslöst.

Setzen Sie also Ihren Spaziergang einfach in Ruhe fort – zum Beispiel bis **Teufelsbrück,** wo Sie für den Weg zurück in den (zuschlagpflichtigen) Schnellbus zum Altonaer Rathaus steigen können. Oder Sie nehmen von dort aus die Fähre, steigen

in Finkenwerder um und lassen sich zu den Landungsbrücken schippern.

Wer sich für den unteren Weg am Strand entlang entschieden hat, gelangt bald zur **Strandperle** und damit zu einem Hauptanziehungspunkt von Övelgönne. Eigentlich ist es nicht mehr als ein kleiner Kiosk mit Ausschank und ein paar Strandliegen. Doch die Strandperle versammelt an lauen Sommernächten die Menschen um sich und versorgt sie mit Bockwürstchen und Getränken, sofern sie nicht selbst mit Sack und Pack gekommen sind. Wer einmal einen Sommerabend hier verbracht hat, der weiß, warum es sie hierher zieht. Der hat nämlich gesehen, wie sich die Silhouetten der Kräne am gegenüberliegenden Containerhafen schwarz vor einem rosaroten Sonnenuntergangshimmel abheben. Der hat Hunde und Kinder dabei beobachtet, wie sie in den Wellen toben, die ein riesiges Containerschiff an den Strand klatschen lässt. Der hat womöglich der Gruppe auf der Nachbardecke geholfen, den Grill in Gang zu bekommen, und wurde als spontanes Dankeschön auf ein Bierchen eingeladen. Und der hat gespürt, wie sich zu einer Klangkulisse von gedämpften Gitarren und Containergedonner entspanntes Feriengefühl ausbreitete.

Kiosk Strandperle: so sieht Sommer in Hamburg aus

Strandperle
Övelgönne 60
22605 Hamburg
Tel. (040) 880 11 12
geöffnet nur im Sommer
täglich 11–23 Uhr
www.strandperle-hamburg.de

39 Klein Flottbeck

- Seele baumeln lassen
- Schöne Aussicht
- Parks/Natur
- Am Wasser
- Historische Gebäude
- Stadtteil
- Szene
- Sport/Wellness
- Mit Kindern

Anfahrt
S-Bahnhof Klein Flottbeck
Fähre Teufelsbrück

Jenischpark

Der Baron und die Liebe

Was kann man sich mehr von einem Park wünschen? Der **Jenischpark** bietet einen weiten Blick und geschützte Winkel. Eine große, grüne Wiese und (fast) wilde Natur mit einem Bach und kleinen Tümpeln. Uralte Bäume und noch ältere Gebäude. Zwei wirklich lohnende Museen und die Möglichkeit, einfach entspannt aufs Wasser zu gucken. So viele wunderbare Parks Hamburg besitzt: Der Jenischpark ist einer der schönsten.

Ob man den Park von der Elbseite her betritt oder von der S-Bahn kommend: Als Erstes sticht immer das **Jenischhaus** ins Auge. Strahlend weiß und mit goldenen Ziergittern bekrönt thront es über der großen Parkwiese. Erbauen ließen es der Hamburger Senator Martin Johann Jenisch und seine Gattin Fanny Henriette 1833/34, und bei den Entwürfen hatte auch der berühmte Baumeister Carl Friedrich Schinkel seine Hände im Spiel. Das klassizistische Schmuckstück war als Landsitz gedacht. Hier wollte das Senatorenpaar die Landluft und den freien Blick über die Elbe genießen. Hier gaben sie aber auch standesgemäße Gesellschaften (bei denen sogar der dänische König zu Gast war), und schließlich verlangte ihre stetig wachsende Kunstsammlung ebenfalls Raum. Wer sich in das Leben der gebildeten und äußerst wohlhabenden Oberschicht Hamburger Kaufleute im 19. Jahrhundert hineinversetzen möchte, der zieht sich Filzschlappen an. Damit kann man über das Parkett des Hauses schlittern, das heute als Museum für bürgerliche Wohnkultur zugänglich ist. Besonders der **Gartensalon** im ersten Stock ist sehenswert: Wer hier stilvoll den Tee nahm, muss sich wie im Paradiesgarten gefühlt haben, denn Wandmalereien setzen quasi nahtlos den Parkblick aus dem Fenster fort. Heute geht man für den Tee (und Kaffee und ganz hervorragenden Kuchen) einfach eine Etage tiefer und lässt sich in der Jenischhaus-Dependance des Hotels Louis C. Jacob bewirten.

Vom Herrenhaus fällt die große **Parkwiese** sanft zur Elbe hin ab – von Uferbebauung und dem

Verkehr der Elbchaussee allerdings gnädig durch hohe Bäume abgeschirmt. Deshalb kann man hier in beschaulicher Ruhe in die bereitgestellten Gartensessel sinken und zusehen, wie unten die Containerschiffe vorbeiziehen. Am Wochenende breiten Besucher ihre Picknickdecken aus, entfalten ihre Zeitungen, genießen die Sonne. Daneben zieht ein Lenkdrachen vor dem Himmel bunte Kreise, und es kann sogar vorkommen, dass man ganzen Tanzgruppen in Barockkostümen bei ihren Menuetten zusehen darf. Trotzdem fühlt sich das Liebespaar auf seiner Bank beim Händchenhalten ungestört.

Wer den Park erkundet, dem fallen in der Nähe des Hauses die vielen schönen, teilweise exotischen Bäume auf. Sogar der mit 200 Jahren vermutlich älteste Gingko Hamburgs steht hier! Und ist doch ein Jungspund gegenüber einer Eiche mit mächtigem Stamm, die vermutlich noch einmal 300 Jahre mehr auf den Wurzeln hat. Sie wuchs bereits hier, als noch niemand an Parks oder Herrenhäuser dachte. Erst 1785 begann Baron Caspar Voght, das leicht hügelige Flottbektal umzugestalten – und zwar zu einem landwirtschaftlichen Betrieb der besonderen (und damals unerhört fortschrittlichen) Art. Seine „ornamented farm" sollte das Angenehme mit dem Nützlichen verbinden. Felder

Kleines Paradies: der Jenischpark

Ernst-Barlach-Haus
Stiftung
Hermann F. Reemtsma
Baron-Voght-Straße 50a
22609 Hamburg
Tel. (040) 82 60 85
Di–So 11–18 Uhr
Eintritt 6 €
www.barlach-haus.de

und Weiden wurden in eine Parklandschaft eingebettet, die nach englischem Vorbild gestaltet wurde. Kühe weideten um malerische Baumgruppen, wohldurchdachte Sichtachsen lenkten den Blick über Felder hinweg auf kleine Gebäude – das Ganze sollte das Herz ebenso erfreuen wie den Geschäftssinn. Letzterer allerdings trat bei Baron Voght offenbar hinter den künstlerischen Neigungen zurück – jedenfalls war er nach einigen Jahren aus Geldnöten gezwungen, den ganzen Besitz an seinen Freund Jenisch zu verkaufen.

Kuhweidenromantik und Bauernparadies gehören daher längst der Vergangenheit an. Idyllisch ist der Park immer noch. Östlich von der großen Wiese umfasst er heute das **Naturschutzgebiet Flottbektal** und damit eine abwechslungsreiche Landschaft aus überwucherten Bachufern, weiten Wiesen und kleinen Wäldchen. Wer das Gebiet durchläuft, kommt früher oder später auch bei der **Eierhütte** vorbei, so genannt wegen der Form ihrer Fenster. Die Hütte (beziehungsweise ein Vorläufer davon) stand schon zu Baron Voghts Zeiten hier, gewidmet „den Freunden und der Ruhe“, wie die Inschrift „Amicis et Quieti“ verkündet. Hier versammelten sich die Freunde des Barons zu Naturbetrachtung und innigem Austausch. Und in diesem Kreis traf Caspar Voght wohl auch immer wieder seine große Liebe Magdalena Pauli, die als unglücklich verheiratete Frau für ihn unerreichbar blieb. Als fast verborgener Rückzugsort am bewaldeten Hang ist die Hütte heute immer noch ein romantischer Ort.

Das Naturschutzgebiet Flottbektal gehört zum Jenischpark

Wer sich nach einem langen Spaziergang noch einmal der Kultur widmen möchte, begibt sich in den Bungalow in der Nähe des Jenischhauses. In dem hellen, modernen Gebäude hat die **Ernst-Barlach-Sammlung** des Tabakindustriellen Hermann F. Reemtsma ein Zuhause gefunden. Besonders vor dem „Fries der Lauschenden“ sollte man eine Weile Platz nehmen: eine Reihe von neun Figuren, die vollkommen in sich versunken scheinen und trotzdem so ausdrucksstark sind, dass sie den Betrachter unmittelbar berühren. Im Museum finden auch regelmäßig Konzerte und Theateraufführungen statt – man kann sich vorstellen, dass die

Romantischer Rückzugsort am Hang: die Eierhütte

„Lauschenden" auf dem Fries dann ganz in ihrem Element sind.

Verlässt man das Barlach-Museum bei Sonnenschein, findet man schräg gegenüber den Kiosk geöffnet. Kaffeetrinker und Kuchenesser breiten sich dann bis zu der alten Magnolie hin aus. Wer mit Blick auf Park und Haus Pause machen möchte, findet hier den idealen Ort dafür und kann zudem noch einen Blick in die kleine Galerie gleich nebenan werfen, in der wechselnde Künstler ausstellen. Wenn aber der Appetit nicht mit Kuchen befriedigt werden kann, dann führt der direkte Weg zur Elbe und zum **Restaurant Engel.** Es liegt auf einem Anleger in der Elbe. Leicht von Wellen geschaukelt, kann man hier gut essen und gleichzeitig vor den Fenstern die Schiffe vorbeiziehen sehen.

Restaurant Engel
Landeanlage Teufelsbrück
22609 Hamburg
Tel. (040) 82 41 87
Täglich 12–23 Uhr
So Brunch ab 10 Uhr
www.restaurant-engel.de

40
Klein Flottbeck

- ▶ Seele baumeln lassen
- ▶ Schöne Aussicht
- ▶ Parks/Natur
- ▶ Am Wasser
- ▶ Historische Gebäude
- ▶ Stadtteil
- ▶ Szene
- ▶ Sport/Wellness
- ▶ Mit Kindern

Anfahrt
S-Bahnhof Klein Flottbek

Neuer Botanischer Garten
Ohnhorststraße
22609 Hamburg
Tel. (040) 428 16-476
Mo–So 9 Uhr bis ca. 1 ½ Stunden vor Sonnenuntergang
www.bghamburg.de

Im Botanischen Garten warten 25 Hektar voller Pflanzenpracht

Botanischer Garten

Weltreich der Pflanzen

China liegt neben den Alpen, und von Japan aus gelangt man direkt nach Nordamerika: Bequemer als in Klein Flottbek lässt sich wohl nirgends eine Weltreise unternehmen. Keine Langstreckenflüge, sondern wenige Schlenderschritte bringen einen von einem Bambushain auf eine mitteleuropäische Blumenwiese. Der gleiche Wind versetzt hier die Blüten einer japanischen Kirsche und dort die Zweige eines Mammutbaums in Bewegung.

So bunt, so vielfältig wie der **Neue Botanische Garten** ist wohl keine zweite Gartenanlage in Hamburg. Über hundertfünfzig Jahre lang befand sich der Botanische Garten, der zur Universität gehört, in der Innenstadt, in den Wallanlagen. Seit 1979 breitet er nun seine Schätze in Klein Flottbek aus. Umziehen musste er damals aus Platzmangel. Kein Wunder: Rund 25 Hektar umfasst das Freiluftgelände heute. Darüber hinaus breiten sich die Schaugewächshäuser auf weiteren 2800 qm aus.

Trotz der enormen Größe des Geländes: Der Eindruck im Botanischen Garten ist einer von überbordender Fülle. Auf Schritt und Tritt neue Ausblicke, neue Landschaften, neue Blütenfarben und Blattformen – und das nur während eines einzigen Besuchs. Denn was blüht oder gerade besonders üppig wächst, das ändert sich fast wöchentlich. Auch ohne tief philosophisch werden zu wollen: Man besucht hier buchstäblich nicht zweimal denselben Garten. Freundlicherweise drückt einem der Pförtner auf Wunsch ein Blatt in die Hand, das zumindest auf die jahreszeitlichen Highlights aufmerksam macht: dass der über dreihundertjährige Olivenbaum nun wieder an der frischen Luft steht, weil sein Gewächshaus beiseite gerollt wurde. Dass im Japangarten die Kamelien blühen und im Bibelpflanzengarten der Mandelbaum. Das ist beruhigend. Und wirft im nächsten Augenblick schon die Frage auf, ob man noch viel spektakulärere Blüten, noch farbigere Wiesen gesehen hätte, wenn man eine Woche früher oder später gekommen wäre. Egal: Jetzt freut man sich

Man kann im Botanischen Garten nicht nur staunen, sondern auch entdecken

einfach daran, dass sich pinkfarbene Blüten im Wasser eines Teichs spiegeln. Und dass ein exotischer Nadelbaum mit seinen hängenden Zweigen aussieht wie ein Dinosaurier.

Zwei Orte mit Potenzial zum Lieblingsplatz sollte man sich bei einem Spaziergang durch den Botanischen Garten keinesfalls entgehen lassen: Zum einen ist da der **europäische Laubwald.** Er sieht ganz genau so aus, wie uns Bilderbücher einen Wald ausmalen: mit blühenden Veilchen und Schwertlilien, mit hellgrünen Buchenblättern und Eichhörnchen, die am Stamm einer Eiche hinauflaufen. Dass es hier auch Elfen gibt, glaubt man ohne weiteres.

Der zweite Lieblingsort ist der **Duft- und Tastgarten** im vorderen Teil des Parks. Anfassen ist hier ausdrücklich erlaubt. Wer erkennt eine Pflanze nur mit Hilfe der Hände? Eine Duftorgel lässt den Vergleich zwischen Blütendüften zu, ein Xylophon der besonderen Art zeigt, wie verschieden die Hölzer unterschiedlicher Bäume klingen. Das ist Gartenerfahrung der sinnlichen Art.

41

Blankenese

- Seele baumeln lassen
- Schöne Aussicht
- Parks/Natur
- Am Wasser
- Historische Gebäude
- Stadtteil
- Szene
- Sport/Wellness
- Mit Kindern

Anfahrt

Bus 48 ab S-Bahnhof Blankenese, Haltestelle Blankenese, Fähre

Hier geht es hinauf ins Treppenviertel

Treppenviertel

Über Stiegen und Stufen

Wer das Blankeneser **Treppenviertel** erkundet, der fragt sich schon gelegentlich, wie Hamburg in den Ruf kommen konnte, platt in der norddeutschen Tiefebene zu liegen. Gut, wer einmal da war, der weiß, dass der Geesthang teilweise steil zur Elbe hin abfällt. Aber so richtig lässt sich diese Erkenntnis erst würdigen, wenn man sie am eigenen Körper spürt – etwa durchs Treppensteigen. Von Weitem schon sieht man die weißen Häuschen, die sich den Elbhang hinaufziehen. Ein Bild, wie man es sonst eher von Urlaubspostkarten aus südlichen Ländern kennt – wäre da nicht das viele Grün. Und würde nicht von der Spitze des Süllbergs die Flagge eines Burghotels mit Türmen und Zinnen wehen.

Wer das Ganze von Nahem betrachten möchte, der muss Treppen steigen. Denn wie der Name schon sagt, liegen die Häuser im Treppenviertel so steil am Hang, dass sie nur über ein Gewirr von Stiegen und Stufen zugänglich sind. Belohnt wird man für den Aufstieg mit überraschenden Ein- und Durchblicken, mal auf Elbhang und Elbe, manchmal auch direkt in die Wohnzimmer der Anwohner. Spätestens aus der Nähe erweist sich auch, dass der Vergleich mit griechischen oder italienischen Küstenörtchen hinkt. Ein paar der alten **Fischer- und Lotsenhäuser** am Hang ducken sich unter Reetdächern, andere zeigen Backsteinfachwerk, und auch die behäbigen Walmdächer und die adretten Vorgärten haben so gar nichts Mediterranes. Übrigens ist es unvermeidlich, dass man sich beim In-die-Fenster-Schauen irgendwann rettungslos im Gewirr der Treppen und Gassen verliert. Früher oder später landet man aber immer unten – am Blankeneser Strand. Wer allerdings dem Zwang zur Orientierung verfallen ist, der kauft beim **Treppenkrämer** in der Hans-Lange-Straße einen detaillierten Blankenese-Stadtplan. Wie Sie zum Treppenkrämer finden? Daran kommen Sie vorbei. Bestimmt. Und wundern Sie sich nicht, wenn Sie den Laden mit einer Tüte rosa-

farbener Brausebonbons in der einen und einem antiquarischen Buch in der anderen Hand wieder verlassen: Das nette Tante-Emma-Flair des Lädchens verleitet zum Kaufen. Pause machen kann man hier auch: Man sitzt dann mit seinem Matjesbrötchen oder Kuchenstück an einem der winzigen Tischchen, die direkt auf dem kopfsteingepflasterten Weg aufgestellt sind.

Wer den Kaffee nicht mittendrin im Kommen und Gehen, sondern obendrüber trinken möchte, der betritt durch ein Gartentörchen **Schuldt's Kaffeegarten**. Die große, grün überrankte Terrasse hängt, so scheint es, direkt über der Elbe, und der Ort verströmt „Sonntagnachmittagsausflugsstimmung". Das tut er bereits seit über 130 Jahren. Damals brachten die Ausflügler den Bohnenkaffee selbst mit, der an Ort und Stelle gemahlen und aufgebrüht wurde. Das ist noch immer möglich, wie die Besitzer versichern. Zum Beweis stehen im Fenster große Kaffeekannen, jeweils mit einer Alumarke nummeriert. Allerdings geben sich die meisten Besucher damit zufrieden, ein ganz normales Kännchen und den selbst gebackenen Kuchen zu ordern. Und ewig sitzen zu bleiben, um den Schiffen hinterherzuschauen – und den Flugzeugen, die gegenüber bei Airbus starten und landen.

Beim Treppenkrämer

Der Treppenkrämer
Hans-Lange-Straße 23
22587 Hamburg
Tel. (01 51) 20 11 20 42
Fr–So 14–20 Uhr
(Winter: bis 18 Uhr)
www.treppenkraemer.de

Schuldt's Kaffeegarten
Süllbergsterrasse 30
22587 Hamburg
Tel. (040) 86 24 11
Di–So 14–22 Uhr

42

Blankenese

- Seele baumeln lassen
- Schöne Aussicht
- Parks/Natur
- Am Wasser
- Historische Gebäude
- Stadtteil
- Szene
- Sport/Wellness
- Mit Kindern

Anfahrt
Bus 48 von S-Bahnhof Blankenese, Haltestelle Waseberg

Der Blankeneser Leuchtturm, vom Falkensteiner Ufer aus gesehen

Bismarckstein, Römischer Garten

Hoch über der Elbe

Im schicken westlichen Elbvorort Blankenese befindet sich die dritthöchste Erhebung Hamburgs: der **Waseberg.** Mit 87 Metern Höhe diente er schon Generationen von Fahrschülern dazu, das Anfahren am Berg zu üben. Ist man allerdings zu Fuß unterwegs und folgt der Straße **Bismarckstein**, verliert der Waseberg seinen Fahrschulschrecken und zeigt sich von seiner schönsten Seite. Oder vielmehr: Er zeigt die Elbe von ihrer schönsten Seite. Denn von der bewaldeten Bergkuppe hat man die schönsten Blicke auf den Fluss. Weit hinaus sieht man in Richtung Nordsee und kann Containerriesen, die von hier aus wie Spielzeug aussehen, noch lange mit Blicken verfolgen. An diesem Ort darf man das Gefühl haben, über den Dingen zu stehen – eine Wohltat für die Seele. Der Bismarckstein, der diesem Ort seinen Namen gab, existiert übrigens nicht mehr.

Ganz in der Nähe liegt ein weiteres stilles Kleinod: Der **Römische Garten** ist zwar kein wirklicher Geheimtipp mehr wie noch vor wenigen Jahren, aber selbst an Wochenenden muss man ihn meist nur mit wenigen anderen Besuchern teilen. Vom Bismarckstein aus gelangt man entweder über Waldwege zum Falkentaler Weg. Oder man geht zurück und dann über die Straße Waseberg. Den Falkentaler Weg geht es links hinunter, dann führt ein Pfad rechts in den Wald und nach einigen Biegungen über eine Holzbrücke in den überraschend kleinen Garten. Italien war das Thema, als er 1880 bis 1890 angelegt wurde, und das hieß: klare Formen statt der vorgetäuschten Natürlichkeit englischer Parks. Wer sich also angesichts der akkurat beschnittenen Thujen-Hecke an südliche Zypressenalleen erinnert fühlt, der liegt ganz richtig. Terrassenförmig angelegte Rosenbeete, ein kleines Wasserbecken und vor allem ein wunderbarer Ausblick auf die Elbe machen diesen Garten einzigartig. Der Bankier Moritz Warburg wird schon gewusst haben, weshalb er ihn 1897 kaufte und dem eigenen Anwesen zuschlug.

Lauschiger Hochsitz im Römischen Garten

In den 1920er- und 30er-Jahren wurde der Garten umgestaltet. 1951 schenkte die Familie Warburg die Gartenanlage der Stadt Hamburg, aber restauriert wurde der Römische Garten erst 1994. Heute darf jeder auf der weißen Bank Platz nehmen und zusehen, wie Schiffe aus dem einen „Heckenfenster" verschwinden, um im nächsten wieder aufzutauchen. In manchen Sommernächten werden im Römischen Garten sogar Theaterträume wahr: Das kleine grasbewachsene **Amphitheater** mit der geschwungenen Steintreppe verwandelt sich dann in eine Freilichtbühne, während der Mond gelb über der Landschaftskulisse hängt.

Vom Amphitheater führt eine lange Treppe hinunter zum **Falkensteiner Ufer.** Links geht es zum Blankeneser Strandweg mit seinem **Leuchtturm.** Bevor man von hier aus den Bus zum Blankeneser Bahnhof nimmt, kann man den Tag an den Biertischen der **Kajüte SB 12** ausklingen lassen: die Füße im Sand, das Rauschen der Wellen in den Ohren und den klassisch rot-weiß geringelten Leuchtturm direkt im Blick.

Kajüte SB 12
Strandweg 79
22587 Hamburg
Tel. (040) 86 64 24 30
Mi–Sa 12–23 Uhr
So 11–23 Uhr
www.kajuete-sb12.de

43 Wedel

- Seele baumeln lassen
- Schöne Aussicht
- Parks/Natur
- Am Wasser
- Historische Gebäude
- Stadtteil
- Szene
- Sport/Wellness
- Mit Kindern

Anfahrt
S-Bahnhof Wedel
Rückweg: Bus 589 ab Hetlingen bis S-Bahnhof Wedel (Mitnahme von Fahrrädern am Wochenende möglich)

Schulauer Fährhaus
Parnaßstraße 29
22880 Wedel
Tel. (0 41 03) 92 00-0
Mo–So 9.30–22 Uhr
(Winter bis 19 Uhr)
www.schulauer-faehrhaus.de

Schulauer Fährhaus

Deichspaziergang durch die Wedeler Marsch

Der Nordsee ganz nah

Ein **Deichspaziergang** bei Wedel versetzt in Urlaubsstimmung. Der Wind bläst schon in Küstenstärke, sodass die Möwen häufig minutenlang in der Luft segeln, ohne einen Flügel zu rühren. Dabei lachen sie mit ihrem gellenden Ruf die Spaziergänger aus, die sich unter ihnen gegen den Wind stemmen. Denn der kommt – auch das ist wie am Meer – grundsätzlich von vorn. Doch das nehmen die Menschen gern in Kauf, die hier gerade an den Wochenenden nicht nur zu Fuß, sondern auch mit Fahrrädern und auf Inlineskates unterwegs sind. Alles läuft, rollt und radelt gen Westen, Richtung Meer. Das allerdings, so nah es sich anfühlt, für einen Tagesausflug mit diesen Verkehrsmitteln noch viel zu weit weg liegt.

Der günstigste Ausgangspunkt für diesen Spaziergang ist das **Schulauer Fährhaus** in Wedel mit seiner Schiffsbegrüßungsanlage **Willkomm-Höft.** Die Attraktion dieses Ausflugsrestaurants sind nicht die Speisen oder Getränke, sondern die Lautsprecher. Die begrüßen und verabschieden nämlich jedes größere Schiff mit der jeweiligen Landeshymne. Wer von hier aus die Schulauer Straße hochgeht, nach einem kurzen Stück links in die Deichstraße einbiegt und ein Schafgatter öffnet, kann ab jetzt immer auf dem Deich entlanggehen. Zumindest als Fußgänger, denn die Radfahrer müssen sich für einen der beiden Wege entscheiden, die – ebenfalls durch Schafgatter zu erreichen - parallel zum Deich verlaufen. Der elbseitige Weg bietet einen weiten, weiten Blick über den Fluss, der hier schon sehr breit ist, der landseitige einen weiten, weiten Blick über die flache Marschlandschaft mit ihren von Entwässerungsgräben durchzogenen Wiesen.

Der Vorteil an diesem Spaziergang: Verlaufen ist geradezu unmöglich. Schnurgerade folgt man dem Deich, und man hat höchstens die Wahl, an der **Gaststätte Fährmannssand** eine Pause einzulegen oder nicht. Ansonsten geht es immer weiter geradeaus. In etwa anderthalb Stunden (je nach

Windstärke) kommt man zu Fuß bis zur **Hetlinger Schanze,** einem breiten Sandstrand. An dieser Stelle wurde im 17. Jahrhundert ein Bollwerk der Dänen gegen die Schweden errichtet – heute dient die Schanze nur noch als Bollwerk gegen Alltagsstress. Jede Menge Vögel lassen sich mit etwas Glück hier beobachten: Austernfischer und Bekassinen, Tafelenten und Reiher. Ansonsten gibt es nur einen weiten Himmel, ein paar ungewöhnlich hohe Strommasten, die breite Elbe und Stille.

Wer kurz vor der Hetlinger Schanze landeinwärts biegt, der kommt in den Ort Hetlingen und kann den Spaziergang mit einer Einkehr im Restaurant-Café **Op de Deel** abschließen. Es sei denn, Sie sind Ende April unterwegs: Das ist nämlich die Zeit der **Schachblumenblüte,** und die sollten Sie sich keinesfalls entgehen lassen. Auf einigen Wiesen rund um **Hetlingen** und dem östlich des Ortes gelegenen Hof Idenburg herum wachsen die weißen und purpurfarbenen Zwiebelgewächse so üppig wie sonst fast nirgends in Deutschland. Ihren Namen haben sie dank des Karomusters der Blüten erhalten. Fast überall sind sie verschwunden, denn ihr Lebensraum, die Feuchtwiese, ist es auch. Aber hier an der Elbe nicken die großen Blüten noch im Wind. Zumindest für eine Woche im Jahr.

Deichspaziergang: Schafe, Wind und die Weite der Elbe

Gaststätte und Schäferei Fährmannssand
Fährmannssand
22880 Wedel
Tel. (0 41 03) 23 94
Mi–So ab 11 Uhr
www.faehrmannssand.de

Op de Deel
Schulstraße 7
25491 Hetlingen
Tel. (0 41 03) 188 23 73
Mo, Mi–Fr 15–23 Uhr
Sa/So/Fei 12–23 Uhr
Bodenständige Küche in einer alten Bauernkate

44

Innenstadtgebiet

- Seele baumeln lassen
- Schöne Aussicht
- Parks/Natur
- Am Wasser
- Historische Gebäude
- Stadtteil
- Szene
- Sport/Wellness
- Mit Kindern

Anfahrt
S/U-Bahnhof Barmbek

Anschluss-Tipp
Ab Landungsbrücken können Sie Ihr Tagesticket noch weiter ausnutzen, indem Sie eine der HVV-Fähren besteigen: Stellen Sie sich aufs Oberdeck, lassen Sie sich den Wind ins Gesicht blasen und sich auf der Elbe bis Finkenwerder schippern (▸ Seite 84).

Die Strecke der U3 gehört zum alten Hochbahnring

Ringbahnlinie U3

Zügig durch die Stadt

Sich an den schönen Ecken der Stadt bequem vorbeifahren lassen, ein- und aussteigen, wo man möchte: Man kauft ein Tagesticket des HVV und setzt sich in die U-Bahn. Die U-Bahn? So besonders lauschig klingt das nicht. Aber die Züge, die in Hamburg mit dem großen U bezeichnet sind, fahren auf weiten Strecken über der Erde. Und insbesondere eine Teilstrecke ist es, auf der sich die Stadt von ihren schönsten Seiten zeigt: die Fahrt von Barmbek zum Rödingsmarkt über Kellinghusenstraße in der U3. Die Strecke gehört zu dem **alten Hochbahnring,** der 1912 eröffnet wurde und den Kern des heutigen U-Bahnnetzes bildet.

Zu Verkehrsstoßzeiten sollte man diesen Ausflug natürlich nicht unternehmen. Am späten Vor- oder frühen Nachmittag geht es meist ruhiger zu in den Zügen. Von **Barmbek** aus führt die Fahrt zunächst zwischen alten Industriebauwerken hindurch, aber schon sehr bald wird es grün. Zwischen Saarlandstraße und Borgweg verläuft die Bahnlinie direkt am **Stadtpark** entlang. Zu sehen bekommt man davon neben hohen Bäumen hauptsächlich die Kleingärten am Rand, die einander an Blütenpracht zu übertrumpfen versuchen. Hinter der Haltestelle Sierichstraße überquert die Hochbahn direkt hintereinander den **Leinpfadkanal** und die **Alster,** die an dieser Stelle die letzten paar Hundert Meter als Flüsschen zurücklegt, bevor sie in den Stausee der Außenalster mündet. Genau dort, wo man die Alster quert, steht an ihrem Ufer ein imposantes Gebäude mit Türmchen: das **St.-Johannis-Kloster** (▸ Seite 30), ein Damenwohnstift, dessen Bewohnerinnen sicher gerne unter den hübschen Gartenpavillons auf der Uferwiese sitzen … Und schon ist es vorbei. Zwischen **Eppendorfer Baum** und Isestraße rücken die Häuser dicht heran: hohe Rotklinkerbauten zunächst, doch dann wird es weiß, gründerzeitlich, jugendstilig. Im Vorbeifahren lassen sich Blicke in so manches Wohnzimmer, auf so manchen winzigen, aber üppig bepflanzten Balkon erhaschen. Un-

Panoramafahrt durch Hamburg: in der U3

ter den Gleisen findet zweimal wöchentlich der schönste Wochenmarkt Hamburgs statt: der Isemarkt (▸ Seite 98).

An der Haltestelle Schlump geht es für drei Stationen unter die Erde – Zeit, in der man über diesen schönen Namen sinnieren kann. Woher „Schlump" stammt, darüber streiten die Gelehrten. Die einen behaupten, es bedeute schlicht „Schlamm" und gehe auf den Sumpf zurück, der diese Gegend einst beherrschte. Schöner ist sicher die Deutung von „Schlump" als nordfriesisch für „glücklichen Zufall, Dusel". Entscheiden muss man das nicht mehr, denn schon ist Licht am Ende des Tunnels sichtbar – und gleichsam mit einem Tusch taucht die U-Bahn direkt an den **Landungsbrücken** wieder auf. Plötzlich hat man das gesamte Hafenpanorama vor sich, kann sich kaum satt sehen an Wasser, Schiffen und Himmel. Und wenn die U-Bahn scheinbar ewig auf die **Speicherstadt** zufährt, bis man meint, die ersten Speicher schon fast berühren zu können, und sich dann unnachahmlich elegant in die Kurve legt, um zur Haltestelle Rödingsmarkt abzubiegen – dann möchte man am liebsten dort aussteigen, zurückfahren und das Ganze noch einmal erleben.

▶ Seele baumeln lassen
▶ Schöne Aussicht
▶ Parks/Natur
▶ Am Wasser
▶ Historische Gebäude
▶ Stadtteil
▶ Szene
▶ Sport/Wellness
▶ Mit Kindern

Anfahrt
Bartholomäus-Therme:
U-Bahnhof Mundsburg

Holthusenbad:
U-Bahnhof Kellinghusenstraße

Wärme und Entspannung auch im Winter: in der Bartholomäus Therme

Bartholomäus-Therme, Holthusenbad

Baden in der Kaiserwanne

Um das große Becken herum stehen große Kerzenleuchter. Im wohlig warmen Wasser liegend sieht man, wie sich ihre Flammen in der verglasten Decke spiegeln. Tagsüber kann man hier in den Himmel schauen, aber himmlisch entspannt ist es auch abends, wenn sich gedämpfte Musik in das Plätschern der Badenden mischt. Unwillkürlich senkt man die Stimme, um die ruhige Atmosphäre nicht zu stören. Die **Bartholomäus-Therme** ist vor allem eines: ein Ort der Entspannung. Ein weiter Schritt von der ursprünglichen Intention: Als das Bad 1908 eröffnet wurde, erfüllte eine wichtige hygienische Funktion in einem Stadtteil, in dem private Bäder in den Wohnungen die Ausnahme waren. Zum Baden ging man – natürlich: in die Badeanstalt. Neben den Schwimmbecken warteten damals auch Wannen und Brausebäder auf Besucher.

Heute dient das Schwimmbad nicht mehr der notwendigen Körperhygiene, sondern dem kleinen Luxus. Damit nichts die Ruhe beeinträchtigt, wird nur Erwachsenen Zutritt gewährt. Die lassen sich nun im wahrsten Sinne des Wortes treiben: im warmen Wasser, in dem sanfte Massagedüsen für Bewegung sorgen. Duftende Dampfbäder lassen den Alltag im heißen Nebel versinken, und wer das Saunaprogramm mitgebucht hat, der lässt alle Hektik noch weiter hinter sich. Im Saunabereich darf man nämlich zwischen den Schwitzgängen zu Bett gehen. Oder zumindest auf die bequemen Polsterliegen, die im Wintergarten in einer langen Reihe stehen und nur gedämpft von Nachttischlampen beleuchtet werden.

Natürlich: All das gehört heute selbstverständlich zum Programm jedes Wellnesstempels, der etwas auf sich hält. Was allerdings die besondere Atmosphäre der Bartholomäus-Therme ausmacht, ist die Gründerzeit-Architektur: das hohe Tonnengewölbe über dem Becken, die umlaufende Galerie und die großen Rundbogenfenster. All das verströmt deutlich mehr Flair, als es sonst in Schwimmbädern üblich ist.

Die „Kaiserwanne" wartet im Holthusenbad

Auch in Eppendorf kann man sich in einer historischen Badeanstalt ganz modern verwöhnen lassen. Das **Holthusenbad,** 1912–14 von Fritz Schumacher in der von ihm bevorzugten Backsteinbauweise errichtet, geht dabei noch einen Schritt weiter: Wo sich früher Arbeiter in den Wannen den Schmutz der Arbeitswoche herunterschrubbten, da buchen jetzt stressgeplagte Großstädter das Bad in der „Kaiserwanne" – Rosenblüten inklusive. Das ist nur eines der vielen „Spa-Menüs", die man sich zusätzlich zum normalen Bad- oder Saunabesuch gönnen kann.

Auch wer nicht ganz so wellnessbedürftig ist, kommt im Holthusenbad auf seine Kosten. Gerade abends, wenn der Andrang der Badenden etwas nachlässt und die Dämmerung allmählich in Dunkelheit übergeht, besitzen ein paar Schwimmrunden im beheizten Außenbecken einen ganz besonderen Zauber. Wer nämlich den Kopf aus dem Wasser hebt, blickt geradewegs auf den Bahnhof Kellinghusenstraße. Und da hier die U-Bahn oberirdisch fährt, kann man den Scheinwerfern der Züge hinterherschauen. Dann fühlt man sich gleichzeitig mitten in der Stadt – und wunderbar weit weg im Reich der Entspannung.

Bartholomäus-Therme
Bartholomäusstr. 95
22083 Hamburg
Tel. (040) 18 88 90
Oktober–April:
Mo 15–23 Uhr
Di–Sa 10–23 Uhr
So 10–22 Uhr
Mai–September:
Mo 15–22 Uhr
Di–Fr 10–22 Uhr
Sa/So 10–20 Uhr
www.baederland.de/bad/bartholomaeus_therme.php

Holthusenbad
Goernestr. 21
20249 Hamburg
Tel. (040) 18 88 90
September–April:
Mo–So 9–23 Uhr
Mai–August:
Mo–So 9–22 Uhr
www.baederland.de/bad/holthusenbad.php

Anfahrt
Lühmanns Teestube:
S-Bahnhof Blankenese

Vier Jahreszeiten/Beaufays:
S/U-Bahnhof Jungfernstieg

Lühmanns Teestube
Blankeneser Landstraße 29
22587 Hamburg
Tel. (040) 86 34 42
Mo–Fr 9–23 Uhr
Sa 9–18 Uhr
So 10–23 Uhr
www.luehmanns-teestube.de

Tea Time in Lühmanns Teestube

Lühmanns Teestube, Vier Jahreszeiten, Beaufays

Hamburg very British

Man sagt den Hamburgern ja eine besondere Nähe zu allem Britischen nach. Ob sich das an einem Anglo-German Club, am gediegenen Country-Stil des Traditionsmodehauses Ladage & Oelke und an den vielen englischen Gartenanlagen festmachen lässt, sei dahingestellt. Dass die regelmäßige Fährverbindung zwischen Hamburg und Harwich vor etlichen Jahren eingestellt wurde, will dazu nicht recht passen. Fest steht aber, dass es in Hamburg wunderbare Möglichkeiten gibt, ein paar der schönsten Großbritannien-Klischees zu erleben.

Und welches Klischee klingt gemütlicher als eine nachmittägliche Teestunde? Wer dazu nach Blankenese fährt, bekommt in **Lühmanns Teestube** einen **Cream Tea,** wie man ihn in Cornwall nicht schöner findet: frisch gebackene Scones mit Clotted Cream und Erdbeerkonfitüre, dazu Tee mit Milch. Das Rezept für die Scones und das für die fast streichbuttercremige Sahne, die ebenfalls hier handgemacht wird, hütet Hausherrin Monika Lühmann. Warum sich die Teestube Lühmann über die Jahre zu einer Art Institution entwickelt hat, ist dagegen kein Geheimnis: weil immer wiederkommt, wer einmal da war. Und das liegt daran, dass man in den kleinen Räumen mit den alten und ein wenig zusammengewürfelten Möbeln sitzt wie in einem privaten Wohnzimmer. Weil Kuchenstücke groß und erkennbar selbst gebacken sind. Weil Worte wie „Dinkel" und „Bio" auf der Karte stehen, ohne dass hier einem Trend gefolgt würde. Bei Lühmanns hat man einfach immer schon so gekocht und gebacken. Dazu passt das getöpferte Geschirr, dass auch schon mal leicht angeschlagen ist – irgendwie sympathisch normal.

Angeschlagenes Geschirr würde es im noblen **Hotel Vierjahreszeiten** selbstverständlich niemals geben. Dafür zahlt man dort auch ungleich mehr für einen **Afternoon Tea,** der in der Wohnhalle serviert wird. Aber würde man in London im Ritz oder bei Fortnum & Mason nicht ebenfalls tiefer in die Tasche greifen, um hauchdünn geschnittene

Sandwiches von silbernen Etageren zu genießen? Wer sich genau diese gediegene Atmosphäre einmal gönnen möchte, lässt sich in einem der eleganten Chintzsessel nieder. Im Kamin prasselt ein Feuer, vor den Fenstern grüßt die Alsterfontäne herüber. Darjeeling – und wenn ja, woher? Bei der Wahl zwischen den Tees auf der Karte assistiert diskret ein Tea Master; für die kleinen Köstlichkeiten, die dazu auf dem Tisch erscheinen, braucht man zum Glück keine Nachhilfe. Ein, zwei Stunden das süße Leben der High Society führen – das ist wie ein kleiner Urlaub.

Wenn Sie gerade schon in der Innenstadt und in anglophiler Stimmung sind: Werfen Sie unbedingt einen Blick in den **Second-Hand-Laden von Rudolf Beaufays,** der gleich um die Ecke in der Büschstraße liegt. Wobei „Second-Hand-Laden" ein viel zu profaner Ausdruck ist für diese Fundgrube britischer Kleidung mit Vergangenheit. Tweedjacketts und 60er-Jahre-Cocktailkleider, Plaidhosen und Seidenblusen bringt der Besitzer von seinen Streifzügen auf der britischen Insel mit, um sie in Hamburg wieder in gute Hände abzugeben.

Afternoon Tea in gehobener Preisklasse: in der Wohnhalle des Hotels Vierjahreszeiten

Fairmont Hotel Vier Jahreszeiten
Wohnhalle
Neuer Jungfernstieg 9–14
20354 Hamburg
Tel. (040) 34 94 33 17
Afternoon Tea
Mo–So ab 15 Uhr
www.hvj.de/de/wohnhalle.php

Rudolf Beaufays
English Classic Style
Büschstraße 9
20354 Hamburg
Tel. (040) 35 71 59 77
Mo–Fr 12–18 Uhr
Sa 11–16 Uhr
www.rudolf-beaufays.de

47 Orientalisches

- Seele baumeln lassen
- Schöne Aussicht
- Parks/Natur
- Am Wasser
- Historische Gebäude
- Stadtteil
- Szene
- Sport/Wellness
- Mit Kindern

Anfahrt
Hamam Hamburg:
U-Bahnhof Feldstraße

Mazza:
U-Bahnhof Schlump

Le Marrakech:
Bus 5 ab U-Bahnhof Hoheluftbrücke oder S-Bahnhof Dammtor, Haltestelle Nedderfeld

Hamam Hamburg
Feldstraße 39
20357 Hamburg
Tel. (040) 41 35 91-12
Mo–Mi, Fr 10–22 Uhr
Sa/So 11–21 Uhr
Voranmeldung notwendig!
Mo, Fr und jeden 2. So ist Damentag
www.das-hamam.de

Mazza: Vorspeisen-Vielfalt

Hamam Hamburg, Mazza, Le Marrakech

Orientalische Träume

Nüchternheit sagt man den Hamburgern nach, den Orientalen dagegen einen Sinn für das Schöne, das Üppige, das Geheimnisvolle. Beides ist ein bisschen wahr und ein bisschen falsch. Fest steht jedenfalls, dass auch viele Hamburger sich gerne mal in orientalische Traumwelten entführen lassen. Zum Beispiel im **Hamam,** dem traditionellen türkischen Badehaus. Betritt man zum vorher ausgemachten Termin das unscheinbare Gebäude an der Feldstraße, wird man drinnen von Wärme und leichtem Seifenduft empfangen. Man hüllt sich in das Badetuch und ergibt sich der Prozedur, die nichts weiter von einem verlangt als tiefste Entspannung. Weich fließt das Wasser aus den Messingschalen über den Körper, wohlig warm dringt die Wärme der beheizten Marmorbank in alle Glieder, und dann versinkt die ganze Welt im Seifenschaum, der unvorstellbar zärtlich die Haut streichelt. Irgendwann taucht man aus dem Dampf wieder auf und stellt fest, dass man porentief rein auf weichen Kissen ruht, ein Glas Tee in der Hand. Und überlegt, wie sich wohl ein Umzug in die Türkei bewerkstelligen ließe.

Wer jetzt Appetit bekommen hat, reist am besten gleich weiter nach Syrien – zumindest kulinarisch. Denn von dort stammen die **Mazza** genannten Vorspeisen, die in unglaublicher Auswahl im gleichnamigen Restaurant angeboten werden: Mazza als Vorspeise, Mazza als Hauptgericht, Mazza zum Dessert. Die Qual der Wahl kennt man hier nicht. Zum festen Menüpreis erscheinen einfach immer neue Schälchen und Tellerchen mit Kleinigkeiten auf dem Tisch. Man versinkt in den tiefen Sesseln, knabbert hier ein nach Blütenwasser duftendes Möhrchen, probiert dort von Walnuss-Paprika-Paste und Auberginenmus mit Limette oder Kirchererbsencreme.

Noch ein bisschen Marokko gefällig? Dem **Le Marrakech** merkt man den Willen der Besitzer an, die Besucher in eine Art Aladin-Wunderhöhle zu entführen. Außen steht man erst einmal vor ei-

ner Lagerhalle. Tritt man allerdings ein, wähnt man sich in einer marokkanischen Burg – oder zumindest in dem, was ein Hollywood-Bühnenbildner daraus machen würde: Lehmmauern sind vor die Hallenwände gesetzt, Zinnen inklusive. Von den Stahlstreben der Decke hängt eine geradezu unglaubliche Kollektion orientalischer Leuchten herab. Das Le Marrakech ist eine Wunderhöhle, in der die Schätze zum Verkauf stehen – ein großer Laden für marokkanische Einrichtungsgegenstände und Dekoartikel. Einerseits jedenfalls. Andererseits ist es auch ein Restaurant, in dem man sich von der schwierigen Wahl zwischen kunstvoll verzierten Teetabletts, bunten Kissen und orientalischen Laternen erholen kann. Und dabei gleich wieder Lust bekommt, noch nach der Vase zu schauen, die auf dem kleinen Tischchen steht … Aber all das ist vergessen, wenn der grüne Minztee schäumend in die Gläser gegossen wird – stilecht aus Brusthöhe. Dreimal in der Woche gibt es im Le Marrakech zusätzlich Büfett-Abende, an denen bergeweise orientalische Köstlichkeiten aufgefahren werden und zum Höhepunkt des Abends eine Tänzerin auftritt.

Köstlichkeiten aus 1001 Nacht: Le Marrakech

Restaurant Mazza
im YoHo (YoungHotel)
Moorkamp 5
20357 Hamburg
Tel. (040) 28 41 91 91
Mo–So 18–23 Uhr
Mo–Fr außerdem 12–15 Uhr
www.mazza-hamburg.de

Le Marrakech
Kellerbleek 10
22529 Hamburg
Tel. (040) 57 14 53 01
Di, Mi 10–20 Uhr
Restaurant: 12–19 Uhr
Do 10–18 Uhr
Restaurant 12–17 Uhr
Büfett 19–24 Uhr
Fr, Sa 10–19
Restaurant 12–18 Uhr
Büfett 20–24 Uhr
Büfett: Reservierung erforderlich!
www.lemarrakech.de

48
Weihnachtsmärkte

- ▶ Seele baumeln lassen
- ▶ Schöne Aussicht
- ▶ Parks/Natur
- ▶ Am Wasser
- ▶ Historische Gebäude
- ▶ Stadtteil
- ▶ Szene
- ▶ Sport/Wellness
- ▶ Mit Kindern

Weihnachtsmärkte der Nordischen Seemannskirchen

Dänische Seemannskirche, Dietmar-Koel-Str. 2
www.dankirke.de

Finnische Seemannskirche, Dietmar-Koel-Str. 6
www.finnkirche.org

Norwegische Seemannskirche, Dietmar-Koel-Str. 4
www.sjomannskirken.no/hamburg

Schwedische Seemannskirche, Dietmar-Koel-Str. 36
www.svenskakyrkan.se/hamburg

Alle: S/U-Bahnhof Landungsbrücken

Weihnachtsmarkttermine in der Tagespresse und im Internet

Weihnachten am Kiekeberg

Die schönsten Hamburger Weihnachtsmärkte

Weihnachtsbäume und Weihnachtsböcke

Advent ist in Hamburg, wenn die vielen Lämpchen des Weihnachtsschmucks an der Fassade des Alsterhauses aufleuchten und eine große Tanne den Platz der Fontäne auf der Binnenalster einnimmt. Eine abendliche S-Bahnfahrt über die Alsterbrücke zwischen Hamburg und Dammtor lässt dann ein Fünkchen Weihnachtsstimmung aufglimmen, das durch Weihnachtsmarktbesuche weitere Nahrung erhält. Nicht durch die umsatzträchtige Bratwurst-und-Glühwein-Routine innerstädtischer Weihnachtsmärkte allerdings. Aber es gibt zum Glück Alternativen.

Bereits im November eröffnen die **Weihnachtsmärkte in den Nordischen Seemannskirchen** den Weihnachtsmarktreigen. Die vier Kirchen liegen allesamt in der Dietmar-Koel-Straße, in Sichtweite des Michels. Schweden, Dänen, Finnen und Norweger präsentieren hier alljährlich ihre Weihnachtstraditionen: Weihnachtswichtel statt Christkind, Weihnachtsbock statt Ochs und Esel. Hier schmeckt der Advent nach gebeiztem Lachs, er duftet nach den frisch gebackenen dänischen Apfelküchlein Æbleskiver und nach Pepparkakor. Allerdings sind die nordischen Weihnachtsmärkte längst vom Geheimtipp zu einer festen Institution avanciert. Gerade nachmittags kann es daher mitunter in den teils recht kleinen Räumen der Skandinavier eng werden.

Nur für ein einziges Wochenende öffnet ein Weihnachtsmarkt südlich der Elbe seine Pforten. Das **Freilichtmuseum am Kiekeberg** lädt dazu jedes Jahr Kunsthandwerker ein, in den Gebäuden des Museumsdorfes ihre Künste und Produkte zu zeigen. Es riecht nach Holzrauch aus den Öfen und Kaminen, und umgeben von Reetdächern und Fachwerkhäusern fühlt man sich beinahe wie in einer altmodischen Weihnachtspostkarte. Dass man nicht träumt, merkt man allerdings spätestens dann, wenn man sich die Finger an den hei-

ßen Maroni verbrennt, die frisch aus dem Ofen verkauft werden. Weihnachtsbasare mit schönem Kunsthandwerk finden auch im **Museum für Völkerkunde** (▸ Seite 94) und im Haus für Kunst und Handwerk an der **Koppel 66** (▸ Seite 58) statt; alle aber jeweils nur an einem Wochenende.

Die ganze Adventszeit hindurch leuchten dagegen die Lichterketten des Weihnachtsmarktes im **Bergedorfer Schlosspark** (▸ Seite 70). Das Schloss wacht malerisch über Stände mit Kunsthandwerk, Glühweinstände und ein nostalgisches Kinderkarussell.

Auch im **Altonaer Museum** lässt sich tief ins Weihnachtsbilderbuch eintauchen: Stände mit Scherenschnitten und Blechspielzeug befriedigen die Sehnsucht nach einer guten alten Zeit, die so manchen unter dem Einfluss von Kerzenschein und Plätzchen überfällt.

In Laufnähe vom Altonaer Museum findet sich das Kontrastprogramm des **Ottenser Weihnachtsmarktes:** sehr nett, sehr entspannt, sehr untypisch. Das Angebot spiegelt die Buntheit des Stadtteils wider: afrikanisches Kunsthandwerk und St.-Pauli-Fanartikel, Kerzen und asiatische Klangschalen, norddeutscher Grünkohl und indische Pakoras – und ein Glühweinstand aus Tallinn.

Auf dem Weihnachtsmarkt im Freilichtmuseum gibt es Kunsthandwerk

Freilichtmuseum am Kiekeberg
Am Kiekeberg 1
21224 Rosengarten-Ehestorf
Tel. (040) 79 01 76-0
www.kiekeberg-museum.de
Bus 4244, 340 ab S-Bahnhof Harburg/ZOB

Altonaer Museum
Museumstraße 23
22765 Hamburg
Tel. (040) 42 81 35-35 82
www.altonaermuseum.de
Bahnhof Altona

Ottenser Weihnachtsmarkt
Ottenser Hauptstraße
Bahnhof Altona

Lauschige Hotels

Schlafen wie Gott in Hamburg

Wer sich tagsüber auf die Suche nach lauschigen Orten begibt, möchte die Nächte nicht in einem nüchternen Massenhotelbetrieb verbringen. Das ist auch nicht nötig: Hamburg hat in jeder Preisklasse Hotels und Gästehäuser, die das Prädikat „lauschig" verdienen. Individuell eingerichtete Zimmer, schöne Gärten, idyllische Landschaft direkt vor der Haustür und eine warme und persönliche Atmosphäre: Jedes der nachfolgend genannten Häuser hat etwas Besonderes, das es aus der Masse der anonymen Herbergen heraushebt.

Der Salon im Hotel Abtei

Hotel Louis C. Jacob
Elbchaussee 401–403
22609 Hamburg
Tel. (040) 82 25 50
www.hotel-jacob.de
Bus 286 ab S-Bahnhof Klein Flottbek oder Othmarschen bis Haltestelle Sieberlingstraße
DZ ab 185 €
EZ ab 165 €
Hotel mit Tradition: Seit über 200 Jahren gibt es das Louis C. Jacob, dessen Lindenterrasse schon Liebermann im Bild verewigte. Mit diskretem Luxus werden die Gäste verwöhnt. Zwischen Elbblick hinten und den Villen der Elbchaussee vorn fühlt man sich weit außerhalb der Stadt. Wer im zugehörigen Sternerestaurant essen möchte, muss frühzeitig reservieren.

Hotel Abtei
Abteistraße 14
20149 Hamburg
Tel. (040) 44 29 05
www.abtei-hotel.de
U-Bahnhof Klosterstern
DZ ab 170 €
(ohne Frühstück)
EZ ab 145 €
(ohne Frühstück)
In der Nähe der Außenalster, im feinen Stadtteil Harvestehude liegt die vornehme weiße Villa des Hotels. Jedes der zwölf Zimmer ist individuell eingerichtet; jedes einzelne versetzt mit Antiquitäten und verträumtem Charme in eine luxuriöse Vergangenheit zurück. Das Frühstück wird entweder am Kamin im Roten Salon serviert oder bei schönem Wetter in dem paradiesischen, ruhigen Garten. Zum Hotel gehört das Sternerestaurant Prinz Frederik: perfekt, um einen genussvollen Abend zu verbringen.

Eilenau Suite-Hotel
Eilenau 36–37
22089 Hamburg
Tel. (040) 23 60 13-0
www.eilenau.de
U-Bahnhof Wartenau
DZ ab 136 €
(ohne Frühstück)
EZ ab 111,50 €
(ohne Frühstück)
Vorne fließt zwischen grünen Ufern der Eilbekkanal, hinten liegt der Garten: Wer Ruhe sucht, ist in dem Hotel, für das zwei Jugendstil-Stadthäuser umgebaut wurden, genau richtig. Eine wohlabgestimmte Mischung aus Nostalgie und Moderne, Stuckdecken und Designsesseln sorgt für Behaglichkeit. Acht Zimmer und fünf Suiten stehen zur Verfügung: wenig genug, dass sich jeder Gast ganz persönlich willkommen geheißen fühlt.

Hotel Alsterblick
Schwanenwik 30
22087 Hamburg
Tel. (040) 22 94 89 89
www.hotel-alsterblick.de
U-Bahnhof Uhlandstraße
DZ ab 120 € (mit Frühstück)

EZ ab 90 € (mit Frühstück)
In der Nachbarschaft des Literaturhauses und damit direkt an der Alster liegt dieses Hotel. Details wie das Treppenhaus, Kamine und sogar ein alter Küchenherd in einigen Zimmern lassen die Vergangenheit der großbürgerlichen Villa wieder auferstehen. Die Einrichtung ist dagegen schnörkellos und modern; so wirken die Zimmer groß und luftig.

Hotel Wedina
Gurlittstraße 23
20099 Hamburg
Tel. (040) 28 08 90-0
www.wedina.de
U/S-Bahn Hauptbahnhof
DZ ab 118 € (mit Frühstück)
EZ ab 70 € (mit Frühstück)
Gleich aus vier Häusern besteht das Hotel Wedina. Rot, blau, grün und gelb sind sie, und da sie alle unterschiedlich gestaltet sind, kann man sich hier seinen Lieblings-Wohnstil aussuchen: mediterran mit Biedermeier-Akzenten (gelb)? Oder lieber klar und modern? Im Roten Haus läuft das Hotelleben zusammen: Dort frühstückt man im Sommer im üppig blühenden Garten, dort kann man Stunden lesend in der Bibliothek verbringen. Denn das Wedina pflegt eine besondere Liebe zur Literatur: Gäste des Literaturhauses nächtigen hier umsonst. Wenn man Glück hat, begegnet man beim Einchecken dem Autor des Buchs, das man im Koffer trägt.

Galerie-Hotel Sarah Petersen
Lange Reihe 50
20099 Hamburg
Tel. (040) 24 98 26
www.ghsp.eu
U/S-Bahn Hauptbahnhof
DZ ab 98 € (ohne Frühstück)
EZ ab 88 € (ohne Frühstück)
Das winzige Hotel direkt an der lebendigen Langen Reihe wird von einer Künstlerin geführt. Was nicht nur bedeutet, dass viele Bilder an den Wänden hängen, sondern auch, dass hier gerne andere Künstler, Schauspieler, Musiker absteigen. Kein Wunder: Das 200 Jahre alte Bürgerhaus besitzt jede Menge Charme. Jedes der nur fünf Zimmer/Studios hat seinen ganz eigenen Stil: den der „French Fifties" etwa. Auch im Frühstückssalon und in der Lounge stehen antike Möbel – Erbstücke. Das Terrassen-Studio, in dem sich bis zu vier Personen wohl fühlen können, hat sogar eine eigene Dachterrasse.

Cap San Diego
Liegeplatz Überseebrücke
20459 Hamburg
Tel. (040) 36 42 09
www.capsandiego.de
S/U-Bahnhof Landungsbrücken/U-Bahnhof Baumwall
DZ ab 95 € (ohne Frühstück)
EZ ab 76 € (ohne Frühstück)
Was könnte in Hamburg passender sein, als auf einem Schiff zu übernachten? Auf dem Frachter Cap San Diego geht das: In den Kabinen, in denen sich früher Passagiere mit Überseekoffer für die Fahrt nach Südamerika einrichteten, kann man heute auch einfach ein, zwei Nächte verbringen. Das ori-

Galerie-Hotel Sarah Petersen

Nähe zur Literatur: Hotel Wedina

Hotel Abtei

ginale Ambiente der 1960er-Jahre und der Blick aus den Doppelkabinen auf die Elbe sind unschlagbar. Das Schönste: Abends hat man das Museumsschiff ganz für sich und kann auf der Brücke ungestört Kapitän spielen. Das Frühstück muss extra bestellt werden und ist sehr schlicht – eine gute Alternative ist der Gang ins nahe gelegene Portugiesenviertel rund um die Dietmar-Koel-Straße. Hier gibt es leckeren portugiesischen Milchkaffee mit Croissants.

Liebe zum Detail:
Bed & Breakfast Schlafschön

Schlafschön
Bed & Breakfast
Monetastraße 4
20146 Hamburg
Tel. (040) 41 35 49 49
www.schlafschoen.com
U-Bahnhof Schlump
DZ ab 95 € (mit Frühstück; Gemeinschaftsbad)
EZ ab 60 € (mit Frühstück; Gemeinschaftsbad)
Wer Hotels zu unpersönlich findet, geht ins Schlafschön: In dem ehemaligen Schwesternwohnheim fühlt man sich beinahe wie zu Gast in einem Privathaus. Jedes Zimmer ist ein Unikat, Holzböden und eine genau dosierte Prise Kitsch sorgen für Gemütlichkeit, und gefrühstückt wird zusammen mit den anderen Gästen an einer langen Tafel. Dabei gibt die Besitzerin bereitwillig Besichtigungs- und Restauranttipps. Wer nachmittags erschöpft zurückkommt, kann sich in der Küche einen Kaffee oder Tee kochen.

Idylle im Hinterhof: Hotel & Hostel Schanzenstern

Hotel & Hostel
Schanzenstern St. Pauli
Bartelsstraße 12
20357 Hamburg
Tel.(040) 439 84 41
www.schanzenstern.de
U/S-Bahnhof Sternschanze
DZ ab 54 €
(Etagen-WC/-Bad)
EZ ab 38,50 €
(Etagen-WC/-Bad)
Mehrbettzimmer ab 19 € / Person
Ein preiswertes Hotel und Hostel mit gemütlicher Atmosphäre, das in einer ehemaligen Fabrik eröffnet wurde. Die einfachen Zimmer blicken über die Dächer des lebendigen Schanzenviertels. Statt in Telefon und Fernseher investierte man hier lieber in eine Einrichtung aus Naturmaterialien. Im zugehörigen Restaurant isst man ausgezeichnet und bio, und der lauschige Innenhof macht allemal wett, was den Zimmern an Größe fehlt.

Sonnenuntergang auf der Alster

Register

Impressum

Text & Recherche
Sabine Schlimm

Redaktion
Christina Krey via reise verlag

Layout
Wissens-Design.de

Umschlaggestaltung
Boris Buchholz AGD

Herstellung
Tanja Onken via reise verlag

Kartografie
Tanja Onken via reise verlag

Druck
Ruksaldruck GmbH, Berlin
Gedruckt auf FSC-zertifiziertem Papier für nachhaltige Waldbewirtschaftung.

ISBN 978-3-935029-40-7

Fotos
Maja Kunze außer:
Kai Abresch 133; Ryan Bongers 9; Bäderland 130, 131; Monika Deichmann 32; Elbe & Flut/HafenCity Hamburg GmbH 12, 13 oben, 13 unten; Isabel Elmenhorst 132; Arndt Eggers 42; Andrea Flak/Hotel Hafen Hamburg 92; FLMK 136, 137; Jianwen Gao 94; Hamburger Friedhöfe – AöR– 44; Nick Herbold 25; Hajo Petersen 139 oben ; Hotel Abtei 138, 139 unten; Hotel Wedina 139 mitte; IqRS 69; Dirk Kirchmann 80, 81; Luis Konitzer 30; Kristincs/pixelio 141; Maler- und Lackierermuseum 64; Mazza 134; Dr. Ute Meede 76, 77; Wolfgang Meinhart 6; Museumsdorf Volksdorf 48, 49; PodracerHH 113; Luis do Rego Silva/Koppel 66 58, 59; Frederik Röh/Kampnagel 40, 41; Brigitte Saal 95; Schlafschön 140 oben; Schanzenstern 140 unten; Sabine Schlimm 45, 47, 60/61, 62, 63, 67, 74, 75, 78, 79, 82, 83, 84, 85, 86, 89, 91, 110, 111, 119; Olaf Schneider/pixelio 11; Staro 1 43; Bernd Sterzl/pixelio 10; Martina Sträßer 52/53, 54; Rainer Sturm/pixelio 7; Lorenz Teschner 56; Kirsten Wellenkamp 135; Manfred Wigger 88; Michael Zapf/hamburgmuseum 18, 19

Umschlagfoto vorn
Planten un Blomen (Christian Ohde/Bildagentur Hamburg)

Umschlagfoto hinten
Kleine Alster (Engel & Gielen/LOOK-foto)

Klappe vorn
Windenwärterhäuschen in der Speicherstadt
(Olaf Schneider/pixelio)

Liebe Leserinnen und Leser,
alle Angaben in diesem Reiseführer sind gewissenhaft geprüft. Trotz gründlicher Recherche können sich manchmal Fehler einschleichen. Wir bitten um Verständnis, dass der Verlag dafür keine Haftung übernehmen kann. Über Hinweise, Berichtigungen und Ergänzungsvorschläge freuen wir uns jederzeit.

via reise verlag
Lehderstraße 16–19
13086 Berlin
post@viareise.de
www.viareise.de